MOEWIG

MOEWIG

Rolf Kauka's **BUSSI BÄR** präsentiert

Das große Buch von Strubbelpeter und Schnatterliese

MOEWIG

© 1967/1993 by Rolf Kauka

© 1993 by Rolf Kauka und Verlagsunion
Erich Pabel-Arthur Moewig KG, Rastatt

Konzeption Layout und Redaktion:
Bernd Gärtig

Illustrationen: Ana Merino und Angel Nadal

Umschlagidee: Bernd Gärtig

Umschlagentwurf und Umschlaggestaltung:
Werbeagentur Zeuner, Ettlingen

Druck und Bindung:
Mondadori, Verona, Italien

Printed in Italy 1993

ISBN 3- 8118 - 1620 - 9

Inhalt

Die Zugfahrt	7
Ein Affe ist im Haus	10
Der Kinobesuch	12
Das Versteckspiel in der Burg	14
Der Gorilla	16
Die Zirkusvorstellung im Garten	18
Osterfreuden im Zirkus	20
Der dienstgetreue Roboter Robby	22
Die Blindekuh sucht die Ballons	24
Wildschwein Grunzi	26
Die Fahrt mit dem Motorboot	28
Klaus, der große Radfahrer	30
Das Gewitter in den Bergen	32
In Nachbars Swimmingpool	34
Das Versteckspiel am Strand	36
Die Pfadfinder	38
Hundi ist kein Monsterhund	40
Winnetou und sein Esel	42
Aschenputtel und Strubbelpeter	44
Die zerbrochene Fensterscheibe	46
Der liebevolle Hasso	48
Die Kürbis-Hexen-Monster	50
Regen und Sonnenschein	52
Der Zauberer	54
Die Ponys und der Stock	56
Die Äpfel und der Trester	58
Die selbstgebackenen Pizzen	60
Der gelesene Brief	62
Wenn Strubbelpeter singt...	64
Der Waschtag	66
Wenn Peter und Liese werben...	68
Ein Bild für die Presse	70
Das Schwungrad	72
Auf dem Rummelplatz	74
Der Wellensittich	76
Strubbelpeter kommt zu spät	78
Das Kinderhaus	80
Die Äpfel aus Nachbars Garten	82
Der Zirkusbesuch	84
Eine Pudelmütze für Papa	88
Der Skikurs	90
Die Eisbahn im Garten	92
Zahnfreundliche Naschereien	94
Ein Bello aus Schnee	96
Die Wildfütterung	98
Das Niespulver	100
Löwe und Tiger	102
Die erstarrten Übeltäter	104
Meister Zuckerbäcker	106
Selbstbemalte Faschingskostüme	108
Das riesengroße Osterei	110
Die Frühlingsparty	112

Der verschmutzte Park	114
Das Muttertagspicknick	116
Die Muttertagsüberraschung	118
Die fleißigen Zwillinge	120
Die Schafe grasen gerne	122
Der Hamster ist ein Nagetier	124
Der Sprung ins Wasser	126
Morgen beginnt die Schule	128
Ein Festmahl für den Hund	130
Der verschmutzte Wald	132
Die verschmutzte Wäsche	134
Der Zoobesuch	136
Eine Welle packt das Boot	138
Das gekenterte Segelboot	140
Das neue Zelt	142
Der letzte Ferientag	144
Das Apfelfest	146
Kinderflohmarkt	148
Die Heiligen Drei Könige	150
Der Schneeberg	152
Robin Hood und der Ballermann	154
Die Ostereier	156
Das Popcorn	158
Im Freizeitpark	160
Wenn der Klausi klettert	162
Der Sonnenbrand	164
Der bemalte Klaus	166
Die Sahneschlacht	168
Die Kanufahrt	170
Der Abfallkorb	172
Der hohe Turm stürtzt ein	174
Der schlaue Papagei	176
Die Drachen	178
Das Baumhaus	180
Das riesengroße Herz	182
Der Sommertourist im Winter	184
Im großen Backhaus	186
Das Erdbeerkuchenherz	188
Der schönste Federschmuck	190

Strubbelpeter, Schnatterliese, die Geschichte, die ist diese:

„Tschüs, tschüs, ihr Lieben, gebt fein acht,
und seid recht folgsam und bedacht!
Am Bahnhof wird Oma warten,
vergeßt nicht die Rückfahrkarten!"

„Hallo, wir suchen beide Platz",
sagt Peter und beschaut den Schatz.
Der Schatzi ist ein kleiner Hund,
und „ja" klingt es aus Frauchens Mund.

„Das ist Hundi, er ist sehr klein,
doch kann er machen Männchen fein!"
Peter schaut jetzt in die Ferne,
denn er mag die Zugfahrt gerne.

Nach einer Weile klingt ein Schrei...
„Hundi, Hundi, komm! Sucht, ihr zwei!
Wo ist mein süßer kleiner Schatz?
Warum sitzt er nicht auf dem Platz?"

Es hilft der Frau kein Gezeter,
schnell suchen Liese und Peter.
Sie suchen unter einem Tisch,
und auf dem steht ein Teller Fisch.

Hundi steckt im Speisewagen.
„Was hat ihn hierher verschlagen?"
fragt Peter, und das Schwesterherz
sieht Oma hier nicht nur zum Scherz.

„Nun schnell zurück zu deiner Frau!"
Die freudig macht die große Schau.
Die Frau ist glücklich, äußerst froh,
bei Liese scheint das gar nicht so!

Die Kinder haben jetzt das Leid,
zum Aussteigen ist keine Zeit.
Sie fahren zu dem nächsten Ort
und wollen dann zurück und fort.

Die gute Tat, sie brachte Glück,
denn bald fährt auch ein Zug zurück.
So steigen sie dann beide ein,
der Peter und das Schwesterlein.

Nach einer Stunde sind sie dann
bei Omilein und kommen an.
Die Oma fragt, schaut auf die Uhr:
„Wo wart ihr eine Stunde nur?"

Strubbelpeter, Schnatterliese,
die Geschichte, die war diese.

Strubbelpeter, Schnatterliese, die Geschichte, die ist diese:

Die Liese schreit: „Trari, trara,
wir sind mit einem Affen da!"
Doch die Mutter blickt voll Sorgen.
Welch ein Schreck am frühen Morgen!

Peter ist außer Rand und Band,
da springt das Äffchen aus der Hand,
stolziert ganz freudig in das Haus
und findet seinen Affenschmaus.

„So, Peter, Liese, leert nun fein
das große Sparschwein, kauft jetzt ein
Bananen für den kleinen Tropf!"
Doch Peter schüttelt nur den Kopf.

Er mag nicht gehn. „Hier liegen drei!"
und Äffchen frißt davon noch zwei.
Und dann verschwindet froh geschwind,
das kleine, süße Affenkind.

Da ist das Chaos schon passiert,
es tollt das Äffchen ungeniert
in Peters Spielzeugparadies,
der lauthals schreit, das hört die Lies'.

„Der Kerl treibt Unfug, da und dort!
Komm, Schwesterherz, der Aff' muß fort!"
klagt Strubbelpeter fürchterlich,
doch Äffchen freut sich königlich.

Es ist für ihn ein Riesenspaß,
doch Strubbelpeter weiß nicht, was
er machen soll in diesem Falle:
„Der Aff' zerreißt die Bücher alle."

Ja, Affenliebe hin und her,
die Kinder mögen gar nicht mehr
den kleinen Kerl in ihrem Haus.
Wie kriegen sie ihn wieder raus?

Der Peter rennt, fängt letztlich ein
den wilden Aff'. Das Schwesterlein
ruft in dem großen Zirkus an:
„Okay, wir kommen gleich – bis dann!"

Das Äffchen kann es kaum erwarten,
es zappelt, quietscht. „Kann es wohl raten
den Weg zum Zirkus, zu dem Clown?"
„O Bruderherz, ich glaub es kaum!"

„Hallo, das ist ja toll, famos!"
Die Freude, sie ist riesengroß!
„Das Äffchen fühlt sich glücklich hier,
mein Schwesterherz, ich sag es dir!"

Strubbelpeter, Schnatterliese,
die Geschichte, die war diese.

Strubbelpeter, Schnatterliese, die Geschichte, die ist diese:

„Wollen wir ins Kino gehen,
Filme wie die Eltern sehen.
Ja, Schwesterlein, das wäre fein.
Klar, heute gehen wir hinein."

Im Kleidersacke wühlen zwei,
sie finden dort so allerlei.
Muttis Tasche und Muttis Hut,
der Schnurrbart steht dem Peter gut.

Mit frohen Augen schaut der Mann
stolz seinen schnellen Bartwuchs an.
Die Schnatterliese lacht verschmitzt:
„Bruderherzchen, es ist geritzt."

Fröhlich verlassen sie das Haus,
schlendern vereint zum Tor hinaus.
Der Abend naht, sie gehn allein
in ihre große Stadt hinein.

Vor dem Kino beide gehen
und dann vor der Kasse stehen.
Peter will kein Wort jetzt sagen
und nicht nach den Preisen fragen.

Jawohl, die Kinder kommen rein,
die Schnatterliese flüstert: „Fein!"
Doch in dem großen Kinohaus
fühlt Liese sich wie eine Maus.

Lichter leuchten, flimmern im Saal,
hohe Wände, sind rot und kahl.
Dann geht der Vorhang vorne auf,
der Cowboyfilm nimmt seinen Lauf.

Und auf ihren Kinositzen
kommen beide arg ins Schwitzen.
Männer kämpfen, Schüsse knallen,
Männer rennen, schreien, fallen.

Die Liese heult: „Ich fürchte mich.
Schau, Peter, das ist fürchterlich."
Und auch Peter fängt sodann
zu brüllen und zu weinen an.

Liese drückt die Hand von Peter,
doch was soll jetzt sein Gezeter,
ein Mann schickt beide Kinder raus,
sehr enttäuscht gehn sie nach Haus.

Strubbelpeter, Schnatterliese,
die Geschichte, die war diese.

Strubbelpeter, Schnatterliese, die Geschichte, die ist diese:

In der alten Burgruine
trafen mit vergnügter Miene
zum Versteckspiel sich die Kinder,
Vetter Kläuschen spielt den „Finder".

Hinter Säulen, in den Ecken,
kann man herrlich sich verstecken.
Kläuschen zählt bis hundert bloß…
„Auf die Plätze, fertig, los!"

Klaus läßt seine Blicke schweifen,
um das erste Kind zu greifen,
doch das fällt ihm ziemlich schwer,
Kläuschen blickt verwirrt umher.

„Fang mich doch!" hört er links rufen,
„Hier bin ich!" tönt's auf den Stufen.
Doch kaum ist er am Versteck,
ist der Rufer wieder weg.

Peter, wenn der Klaus das wüßte,
hockt still heimlich in der Kiste,
in der einst, nach Ritterart,
Gold und Schätze aufbewahrt.

Endlich hat nach vielen Runden
Klaus die Monika gefunden,
und der Klausi sucht auch weiter.
„Da ist Liese!" ruft er heiter.

Dann jedoch sehn alle stumm
ratlos sich nach Peter um,
und sie fragen voller Schreck:
„Wo ist Peter? Er ist weg!"

Klaus hockt auf der alten Truhe,
und er mahnt: „Bewahrt die Ruhe!"
Plötzlich unter seinem Po
rumpelt's laut und tönt's: „Hallo!"

Selbst die Ruhe zu bewahren,
schafft der Klaus nicht bei Gefahren,
drum wie ein geölter Blitz,
schnellt er hoch von seinem Sitz.

Klaus will's grade noch gelingen,
sich in Sicherheit zu bringen.
Vorsicht ist zu jeder Zeit
ein Gebot der Tapferkeit.

Da springt Peter aus der Kiste,
Liese lacht vergnügt: „Da biste
ganz genau am rechten Platz,
schließlich bist du auch ein Schatz!"

Strubbelpeter, Schnatterliese,
die Geschichte, die war diese.

Strubbelpeter, Schnatterliese, die Geschichte, die ist diese:

Stimmung herrscht im ganzen Saal,
denn zum Kinderkarneval
luden Lies' und Peter ein,
Freude soll für jeden sein.

Plötzlich wird es unheimlich,
ein Gorilla, gar nicht kleinlich,
springt herein mit einem Satz
und macht einen Mordsrabatz!

Dicht an dicht in einer Ecke
drängen zum Beratungszwecke
furchtsam sich die Kinderlein...
Peter ruft: „Mir fällt was ein!"

Flugs spricht er am Telefon
mit dem Chef vom Zirkus Krohn:
„SOS! Ein wildes Tier
stiftet Angst und Chaos hier!

Bitte schicken Sie sofort
einen Mann zum Schreckensort,
einen unerschrock'nen Mann,
der mit Affen umgehn kann!"

Jetzt sind alle guter Dinge.
Da erscheint mit einer Schlinge
Raubtierbänd'ger Leberecht
und erkennt: Der ist nicht echt!

Angesichts der Schlingen-Stange
wird's dem Untier angst und bange,
und es wünschte von dem Ort
sich dreihundert Meilen fort.

Daß er es zu Ende bringe,
wirft Herr Leberecht die Schlinge...
Aus dem Fell schält sich heraus –
Wer wohl...? Richtig, Vetter Klaus!

Strubbelpeter, Schnatterliese
die Geschichte, die war diese.

Strubbelpeter, Schnatterliese, die Geschichte, die ist diese:

Peter und das Lieselein
laden heut' zum Zirkus ein.
Jeder komme, wenn er mag,
an dem ersten Frühlingstag.

Alle sind adrett und schnieke,
Liese macht als Clown Musike
mit tsching bum und kündigt dann
weit're Attraktionen an.

Beispielsweise Akrobaten,
Feuerfresser aus den Staaten.
„Doch der größte Hammer ist
unser Löw', der Möhren frißt!

Dieser Löwe, sanft und mild,
wird nur dann fuchsteufelswild,
wenn man ihn aus Bosheit neckt
oder irgendwie erschreckt!"

In althergebrachter Weise
spottet Klaus: „Du hast 'ne Meise...
Keck sag' ich dir ins Gesicht:
Solche Löwen gibt es nicht!"

Während Klaus noch weiterspottet,
kommt der Löwe angetrottet,
und mit freundlichem Gebrumm
mustert er das Publikum.

Liese, mit der Peitschen Zwille,
mahnt zu absoluter Stille,
doch der schlimme Vetter Klaus
lacht den Wüstenkönig aus.

Als der Klaus dann noch vorhupft
und den Löwen gar am Ohr zupft,
tut der Löw' mit viel Gebrüll
so, als ob er 'n fressen will.

Zu des Publikums Ergötzen
flieht der Vetter voll Entsetzen...
„Löwen-Peter" kommt heraus,
knipst das Urwald-Tonband aus.

Strubbelpeter, Schnatterliese,
die Geschichte, die war diese.

Strubbelpeter, Schnatterliese, die Geschichte, die ist diese:

Ja, Ostern ist ein schönes Fest,
liegen die Eier in dem Nest,
in dem Garten und in dem Haus,
alle Kinder mögen den Schmaus.

Strubbelpeter, Schnatterliese
fanden heut' nichts auf der Wiese.
Sie gehen in das Zirkuszelt,
was ihnen scheinbar gut gefällt.

Der Seehund spielt mit seinem Ball,
und dann ertönt ein lauter Knall.
Fridolin, der lustige Clown,
stolpert über Seehund und Zaun.

Und Fridolin spielt vergnüglich
die Trompete, ganz vorzüglich.
Er spielt laut, die Kinder lachen,
denken nicht an Ostersachen.

Und Fridolin lädt Peter ein,
sie spielen heiter, oh, wie fein!
Und alle Kinder in diesem Zelt
singen ein Lied der frohen Welt.

„Herrlich sind die Kindertage,
ohne Arbeit, ohne Plage,
fast täglich in die Schule gehn,
zu Hause lernen, mal fernsehn.

Dann ist das schöne Liedchen aus,
das Publikum spendiert Applaus,
der Peter springt mit einem Satz
zurück zu Liese auf den Platz,

Und der Clown sagt: „Liebe Kinder,
nun ist Frühling, nicht mehr Winter,
die Tulpen blühen auf der Wiese..."
Häschen hoppeln zu der Liese.

Und weiße Tauben fliegen ein,
mit bunten Eiern, groß und klein.
Die Kinder jubeln, lachen, springen,
jeder hört sie fröhlich singen:

„Osterhase, danke schön,
alle Eier sind sehr schön."
Peter bekommt, was ihm gefällt,
das schönste Ei der ganzen Welt.

Strubbelpeter, Schnatterliese,
die Geschichte, die war diese.

Strubbelpeter, Schnatterliese, die Geschichte, die ist diese:

Jubel, Trubel, Heiterkeit!
Wieder mal ist es soweit:
Hier und dort und überall,
feiern Kinder Karneval.

Prinzeß Liese und Prinz Peter
staunen Robby an, da steht er
und verbeugt sich elegant,
dienstbeflissen und charmant.

„Hoheit", sagt er zu der Liese.
Sehr geschmeichelt fühlt sich diese.
„Ohne eig'nen Geldgewinn
mach' ich Euch zur Königin!

Allerdings hätt' ich gebeten
untertänigst um „Moneten",
nichts ist auf der Welt zu hol'n
ohne „Knete", „Mäuse", „Kohl'n".

Dank, Prinzessin, ich will laufen,
um in Eile einzukaufen,
alles was zu jeder Frist,
Majestäten würdig ist!"

Während alle Kinder weiter
ausgelassen froh und heiter
sich im Tanze drehen, springen
und beschwingte Lieder singen,

schaut der Peter auf die Uhr,
fragt sich: „Wo bleibt Robby nur?"
Und auch Lies' sagt: „Ei der Daus,
der bleibt aber lange aus!"

Peter meint: „Da hilft kein Fluchen...
komm, wir müssen Robby suchen.
Möglich wär's doch, welch Malheur,
daß sein Akku plötzlich leer!"

Statt nervös herumzuhocken,
machen sie sich auf die Socken...
aber ach, sie rasten aus,
Robby, das ist Vetter Klaus!

Dieser Lümmel hat indessen
Lieses Taschengeld verfressen.
„Eitelkeit", so höhnt er keck,
„diente hier 'nem guten Zweck!"

Strubbelpeter, Schnatterliese,
die Geschichte, die war diese.

Strubbelpeter, Schnatterliese, die Geschichte, die ist diese:

Fasching oder Karneval
feiern Kinder überall.
Mit „Trara" und „Hopsasa"
ist der Strubbelpeter da.

„Klausilein, du Zuckermaus,
laß uns tanzen durch das Haus",
schlägt der Strubbelpeter vor.
„Klaro!" schallt's sofort im Chor.

Und die Kinder tanzen, springen,
laut beschwingte Lieder singen,
nur des Peters Schwesterlein
scheint nicht hier, um froh zu sein.

Da erschrecken groß und klein
sowie auch das Klausilein.
Weiter knallt's gar ziemlich laut,
mürrisch Klaus, der Hausherr, schaut.

Endlich gibt die Liese Ruh,
dann wird sie die Blindekuh.
Peter meint: „Du darfst uns suchen.
Später gibt's dein' Lieblingskuchen.

Allerdings muß ich dich bitten,
folg uns nicht mit schnellen Schritten.
Bleibe hier ein Weilchen stehn,
mußt dich auch im Kreise drehn."

„Klaro, Peter, ist okay!"
Da hat Klausi die Idee.
Und nun zum Beratungszwecke
gehn die Kinder in die Ecke.

Tragen die Ballons dann fort,
alle an den gleichen Ort.
Liese hat davon kein' Schimmer,
denn 'ne Stille herrscht im Zimmer.

Dann geht's los. Liese sucht keck,
und es kracht „Bum, bum", o Schreck.
Liese ist zutiefst erschrocken,
muß nun auf dem Boden hocken.

„Reingelegt", höhnt Klausi gleich,
„dieses war nun unser Streich!"
und reicht Liese elegant
den Ballon in ihre Hand.

Strubbelpeter, Schnatterliese,
die Geschichte, die war diese.

Strubbelpeter, Schnatterliese, die Geschichte, die ist diese:

Ferien, Freude, Sonnenschein,
„In diesem Wald sind wir allein,
und auch der See ist eine Pracht",
freudig Liese hier rennt und lacht.

Jawohl, das ist ein Badespaß,
und aus dem Wasser in das Gras
springt hier der Frosch, erfüllt von Schreck.
Und Peter schwimmt der Liese weg.

Ohne Schrecken, ohne Furcht ist
ein Wildschwein plötzlich voller List
vor Peters Zelt, und schaut sich um.
Wildschein Grunzi ist ja nicht dumm.

Peter, Lies' im Wasser toben,
und vom Walde, ganz weit oben,
kam Wildschein Grunzi zu dem Zelt,
mag etwas fressen, ohne Geld.

Grunzilein ist nun vergnüglich,
was sie findet, schmeckt vorzüglich,
und sie frißt ganz ohne Sorgen,
für den heut'gen Tag und morgen.

Ja, alles, was das Herz begehrt
wird von Grunzilein verzehrt,
der Schinken und die Leberwurst,
nun hat das Wildschwein großen Durst.

Sie schleckt den guten Kräutertee,
und fühlt sich wie die Märchenfee,
nur etwas dicker, kugelrund,
der Tee schmeckt gut, ist sehr gesund.

Als dann die letzte Dos' geleert,
grunzt Grunzilein: „Ist nicht verkehrt,
nun fein zu schlafen in dem Zelt,
ja, herrlich ist die Ferienwelt."

Und endlich ist es dann soweit,
die Kinder kommen, Liese schreit:
„Du böses Wildschwein, komm heraus,
das große Zelt ist unser Haus!"

Vom Schreien wacht nun Grunzi auf,
folgt samt dem Zelt im schnellen Lauf
Peter und der Schnatterliese.
Nun ist Gefahr auf der Wiese!

Strubbelpeter, Schnatterliese,
die Geschichte, die war diese.

Strubbelpeter, Schnatterliese, die Geschichte, die ist diese:

Die Familie hat vereint
dort, wo warm die Sonne scheint,
auf Mallorca, grad' entdeckt,
daß der Reis da köstlich schmeckt.

Mutti hat noch was zu tun,
Vati will ein wenig ruh'n.
Doch die Kinder zieht es sehr
an den Strand, ganz nah ans Meer.

Nicht bewacht und unbehütet
liegt das Boot das Paps gemietet,
schaukelt träge vor sich hin,
scheinbar ohne Zweck und Sinn.

„Schwimmst du nachher", fragt die nette
Liese, „mit mir um die Wette?"
„Klaro, Liese, ist okay!"
Da hat Peter 'ne Idee!

Liese ist zutiefst erschrocken,
will zurück den Bruder locken.
Diesem ist das einerlei
„Leinen los", ruft er, „ahoi!"

Er zischt ab, der Diesel knattert,
Liese bleibt zurück, verdattert.
Und das Boot fliegt wie ein Speer
übers weite Mittelmeer.

Riesig ist es durch die Wellen
wie ein Pfeil dahinzuschnellen.
Peter jubelt: „Trallala,
bald bin ich in Afrika!"

Ei, das flutscht ja ganz vorzüglich,
denkt der Peter sehr vergnüglich,
und er schmettert immer wieder
Seemanns- und Piratenlieder.

Da, o Schreck, im hohen Bogen
packen Peter wilde Wogen,
spülen beinah' ihn von Bord,
er schreit: „Hilfe, das ist Mord!"

Schlimm ist's, wie in diesem Falle,
wenn der Dieseltreibstoff alle.
Weil auch Peter dies empfand,
schwimmt er ohne Boot an Land.

Zitternd wie ein Zitterrochen
ist er an den Strand gekrochen.
„Marsch, ins Haus", sagt Vati gleich,
„dieses war ein übler Streich!"

Strubbelpeter, Schnatterliese,
die Geschichte, die war diese.

Strubbelpeter, Schnatterliese, die Geschichte, die ist diese:

Am Samstag fahren hier die zwei
bei ihrem Vetter Klaus vorbei.
„Komm, fahr mit, pack deine Sachen!
Laß uns eine Radtour machen!"

„Ja, ich will die Berge hinauf,
die Straße nimmt hoch ihren Lauf",
sagt Klaus, rast und winkt erhaben:
„Ja, im Beine muß man's haben!"

Nach kurzer Zeit mit letzter Kraft
müht Klausilein, ist ganz geschafft,
den Berg hinauf verzweifelt sich.
Will Wasser, wie an Land ein Fisch.

„Ich weiß, die Reise geht bergauf!
Doch ohne mich, fahrt ihr hinauf."
Der Klausi spricht, steigt von dem Rad
und sinnt nach einer schlauen Tat.

Schlau, wie er ist, dreht er wenig
am Ventile, ruft laut tränig:
„Peter, Liese, wo fahrt ihr hin?
Die Luft ist raus, hat keinen Sinn!"

Sie drehen um, sind bald bei Klaus.
„Die große Pumpe liegt zu Haus",
der Junge stammelt, schaut sich um.
„Wir haben keine, o wie dumm!

Am Rade sollt' diese stecken",
sagt Schnatterlies' voller Schrecken.
Dann schreit der Klaus: „Ich hab's gemacht!"
„Was?" fragt der Peter, Liese lacht.

„Jawohl, den Platten, Brüderlein.
Nun muß er schieben, ganz allein!"
Und als die Kinder trinken Saft,
erscheint der Klaus, total geschafft.

Strubbelpeter, Schnatterliese,
die Geschichte, die war diese.

Strubbelpeter, Schnatterliese, die Geschichte, die ist diese:

Ein schöner Tag, Kinder lachen.
„Ja, was wollen wir heut machen?"
spricht Strubbelpeter zu dem Klaus,
dann gehn sie aus dem Haus hinaus.

Die Sonne strahlt, drei ziehn bergauf,
singend, geschwind, im Dauerlauf.
„Diese Tour ist eine Wonne,
bald erklimmen wir die Sonne."

Zwei Stunden froh auf Wanderschaft:
„Noch dort hinauf, dann ist's geschafft!"
sagt der Peter, und Liese klug:
„Ich glaube, nun ist es genug."

„Warum denn bloß? Was fällt dir ein?
Du bist wohl müde, Schwesterlein?"
Und Vetter Klaus stimmt Peter zu:
„Sie kann nicht mehr, braucht ihre Ruh!"

Was Liese ahnt, wird nicht bedacht,
obwohl die Sonne nicht mehr lacht.
Sie zeigt zum Himmel: „Schaut genau,
da ziehen Wolken, schwer und grau!"

„Wir gehen weiter!" sagt der Peter.
Die Liese folgt, doch mit Gezeter.
Da kracht ein Blitz, Donner folgt laut,
sehr furchtsam nun der Peter schaut.

Doch welch ein Glück, die Höhle dort
ist ein willkomm'ner Zufluchtsort.
Total durchnäßt, sie harren aus,
die Lies', der Peter und der Klaus.

„Hier ist es trocken", sagt der Klaus,
„bestimmt holt uns hier jemand raus."
Auch Lies' und Peter hoffen drauf,
daß bald taucht eine Rettung auf.

Doch das Warten dauert lange,
es wird den Kindern angst und bange.
Dann traun sie ihren Augen kaum,
als sie gespannt nach draußen schaun.

Erleichtert blicken sie nun drein,
Klaus, Peter, Liese steigen ein.
Von der Bergwacht ist dieser Mann,
er schaut die nassen Kinder an.

„Seid ihr verletzt? Tut euch was weh?
Seit wann seid ihr schon auf der Höh?"
Dann geht es heim, und an der Tür
dankt Mutter Bergwachtsmann dafür.

Strubbelpeter, Schnatterliese,
die Geschichte, die war diese.

Strubbelpeter, Schnatterliese, die Geschichte, die ist diese:

Strubbelpeter, Schnatterliese,
spielen gerne auf der Wiese
und in dem Garten von Herrn Kraus,
der heute fährt zum Tor hinaus.

Im Garten ist ein Swimmingpool,
und Peter spricht zur Liese cool:
„Schwesterherz, kann nichts geschehen,
wenn wir heute baden gehen."

Aus ihren Kleidern, aus dem Schuh,
sind beide Kinder hier im Nu.
Sie springen in das Wasser rein
und denken, sie sind ganz allein.

Die Liese schwimmt, der Peter taucht,
am Beckenrand noch keiner faucht.
„Wir bleiben hier bis heute nacht",
der Peter spricht, die Liese lacht.

Doch Hundilein von dem Herrn Kraus
schaut äußerst mürrisch heute aus.
Was hier geschieht, ihm nicht behagt.
„Laß keinen rein", einst Herrchen sagt.

Der Kinder Spaß ist schnell vorbei,
laut tönt des Peters Schreckensschrei.
„Liese, Liese, der Hund ist hier!
Oh, Schwesterlein, was machen wir?"

Dann schwimmt der Peter an den Rand,
doch schnell zurück zieht er die Hand.
Denn Hundilein, o Schreck, o Graus,
läßt ihn nicht aus dem Wasser raus.

Die Kinder versuchen es mit List:
„Schau, Hundi, wo dein Fressen ist!"
Doch ist die Frage ohne Zweck,
der Hundi bleibt, rührt sich nicht weg.

Hundilein hat keine Eile,
beide schwimmen eine Weile.
Die Stimmung ist zwar hundemies.
„Nun ist's genug!" ruft laut die Lies'.

Was Liese wünscht, tritt wirklich ein,
Herr Kraus kommt mit der Sahne heim.
Und Hundi geht zu seinem Herrn,
die Kinder sehen das sehr gern.

„Liese, Peter, seid willkommen,
nun seid ihr zwei lang geschwommen",
sagt nett der liebe Nachbar Kraus,
sein Hundi leckt die Schüssel aus.

Strubbelpeter, Schnatterliese,
die Geschichte, die war diese.

Strubbelpeter, Schnatterliese, die Geschichte, die ist diese:

„Auf dem kleinen bunten Berg,
wohnt ein kleiner bunter Zwerg,
und der Zwerg backt gerne Kuchen,
Peterlein, du darfst uns suchen."

Am Strand sind Peter, Liese, Klaus,
spielen gerne wie auch zu Haus
Suchen, Finden, ja, Verstecken.
Nur, wo sind am Strand die Hecken?

Hinter Palmen sitzt die Liese,
Peter kniet, wie auf der Wiese,
hier fast ruhig im feinen Sand,
zählt laut die Finger an der Hand.

Während nun Peter eifrig zählt,
der Vetter Klaus das Boot sich wählt
für sein Versteck, nicht hier am Strand,
aufs Meer hinaus, nicht auf dem Land.

Was Klausi treibt, nicht war gedacht,
und Peter zählt noch mal bis acht.
Dann erst darf er sich erheben,
um Finderglück zu erleben.

Peter läßt die Blicke schweifen,
um das erste Kind zu greifen,
doch es fällt ihm ziemlich schwer,
Peter blickt verwirrt umher.

Klausi geht auf weite Reise,
wie im Winter keine Meise.
Lacht und zeigt die „lange Nase",
mag gar hoppeln wie ein Hase.

Doch er rudert seine Runden.
„Hier werd' ich niemals gefunden",
brüllt er laut, so wie ein Löwe,
mit ihm fliegt die weiße Möwe.

Am Strande sucht Peter weiter.
„Da ist Liese!" ruft er heiter,
„Schwesterherz, mein Kind der Sonne,
Pech, am Strand ist keine Tonne."

Peter, Liese, sie nun vereint,
suchen den Klaus, die Sonne scheint,
und als sie abends untergeht,
scheint Klaus vom Winde weggeweht.

Die Wellen schlagen, Klaus naht stumm,
und Peter schaut sich nicht mehr um.
Klaus muß rudern, Boot bewegen.
„Ja, du wolltest mich reinlegen."

Strubbelpeter, Schnatterliese,
die Geschichte, die war diese,

Strubbelpeter, Schnatterliese, die Geschichte, die ist diese:

Voll Frohsinn klingt es aus der Brust:
„Das Wandern ist des Müllers Lust..."
Grün sind die Bäume, grün das Gras,
Pfadfinder sein, macht sehr viel Spaß.

Die Kinder wandern fröhlich, frei,
und Peter, Liese sind dabei.
Natürlich auch der Vetter Klaus
zog mit in die Natur hinaus.

Anstatt wie sonst nur zuzuschaun,
hilft er, das Zelt mit aufzubaun,
und weil es allen Freude macht,
ist diese Arbeit schnell vollbracht.

Fix wird der Dreifuß aufgestellt,
der den Gemeinschaftstopf dann hält.
Die Liese schüttet Nudeln rein,
und Gerdi schnuppert: „Das riecht fein!"

Ein wenig Pfeffer, etwas Schmalz,
zwei Eigelb, eine Prise Salz,
Gewürze haben ihren Sinn,
das Wasser war schon vorher drin.

Damit der Fleiß zum Ziele führt,
wird das Gemisch nun umgerührt.
Den Deckel drauf, damit sodann
der Eintopf tüchtig brodeln kann.

Gern wüßte Peter, ob er schmeckt,
steckt Löffel rein und abgeleckt.
Die Schleckerei des jungen Herrn
hat Schnatterliese nicht so gern.

Doch weil der Peter arg gemocht,
was Gerdi und die Lies' gekocht,
ist Schwesterlein sogleich versöhnt,
zumal sie Peter gern verwöhnt.

„Dein Schmaus duftet wie die Rose,
nicht wie Suppe aus der Dose",
grinst Peter und ruft seine Schar:
„Kommt schnell, die Suppe ist schon gar!"

Recht hungrig treten alle Mann
mit ihren Suppentellern an,
die bleiben nun nicht länger leer,
ein jeder mampft und freut sich sehr.

Kinder schmatzen, kauen, schlürfen,
was zu Hause sie nicht dürfen.
Doch hier, im Reiche der Natur,
erlaubt man sich die Extratour.

Bis dann der Abend niedersinkt
noch manches frohes Lied erklingt,
und als das Feuer nicht mehr raucht,
ein jeder in den Schlafsack kraucht.

Strubbelpeter, Schnatterliese,
die Geschichte, die war diese.

Strubbelpeter, Schnatterliese, die Geschichte, die ist diese:

Die Schnatterliese malt mit Spaß
das braune Hundchen hier im Gras.
Das läßt den Peter auch nicht ruhn:
Sofort will er das gleiche tun.

Nur, daß bei ihm der Hasso bellt.
So hat er ihn sich vorgestellt.
Schaut an, das Bild vom Monsterhund
mit großen Zähnen, kerngesund!

„So bin ich nicht, doch wenn er will",
denkt Hasso, „lieg' ich nicht still."
Er springt, saust Peter hinterher,
und Lieselein erschreckt gar sehr.

...ar Kleid war gelb, nun kunterbunt.
"Seht her, da steht ein bunter Hund!"
schreit Peter zu dem Schwesterlein,
was er da sagt, klingt gar nicht fein.

Und Liese, außer Rand und Band,
nimmt schnell die Farben in die Hand.
Dann wirft sie los mit aller Macht,
der Peter jedoch hämisch lacht.

Was hier im Garten war geschehen,
das hat die Mutti auch gesehen.
"O Schreck!" ruft sie. "Was ist da los?
Was machen meine Kinder bloß?"

"Ihr reinigt jetzt, und zwar sofort,
die Kleider in dem Wasser dort!"
Beschämt stehn nun die beiden da,
doch keiner sagt, wie es geschah.

Es hilft kein Jammern, kein Gezeter,
und aus der Hose schlüpft der Peter,
die Liese zieht sich auch flink aus.
Nun schrubben sie die Farben raus.

Der Hasso denkt ganz unberührt:
"Hab' ich die beiden wohl verführt
zu dieser kunterbunten Tat?
Ob Schnatterliese mich noch mag?"

Strubbelpeter, Schnatterliese,
die Geschichte, die war diese.

Strubbelpeter, Schnatterliese, die Geschichte, die ist diese:

In Spanien, wo die Sonne scheint,
sind Peter und die Lies' vereint,
bei den gelben Aprikosen,
diese hängen nicht in Dosen.

Die Vitamine frisch getankt.
„Wir essen viel und bleiben schlank",
spricht Liese, und der Peter schreit:
„Na, Eselchen, bist du bereit?"

Er meint den lieben guten Freund
vom Bauern, der im Grase träumt.
Und bei längerer Betrachtung
verdient Peter Esels Achtung.

Peter will mit Esel toben,
schwingt sich hinauf und schreit oben:
„Lauf, bring mich schnell zu meinem Stran
denn ich mag spielen dort im Sand!"

Die Liese hört das Brüderlein,
und heiß für drei die Sonne scheint.
Der Esel wollte sich ausruhen,
ohne einen Schritt zu tuen.

Er muß traben durch die Hitze,
Peter fest im Tuche sitze,
das eigentlich für den Transport,
der Aprikosen hier vor Ort.

Aus Peter wird jetzt Winnetou,
die Liese schaut noch immer zu.
Der arme Esel, sieht, o Graus,
entsetzt und etwas dußlig aus.

Esel trabt im Wiesengrase,
Peterchen trifft keinen Hase,
der Junge hält sich selbst sodann
für einen starken Supermann.

Dann geht's bergab zum schönen Strand,
doch Peterchen fliegt nicht in Sand.
Er purzelt von dem klugen Tier,
direkt ins Meer, man sieht es hier.

Strubbelpeter, Schnatterliese,
die Geschichte, die war diese.

Strubbelpeter, Schnatterliese, die Geschichte, die ist diese:

Der Strubbelpeter nimmt gespannt
den Text zum Lernen in die Hand.
Dann läuft er schnell vor Liese her,
der Text interessiert sie sehr.

Doch ärgerlich der Peter spricht:
„Was ich spiele, erfährst du nicht!"
Ins Zimmer darf sie nicht hinein,
alleine will der Künstler sein.

Doch Liese lauscht, die Tür ist auf,
und Peter wirft die Arme aus:
„O Schönste, im ärmlichen Gewand,
dein Gesicht habe ich erkannt."

Es ist spät, Peter hält nicht Ruh,
jetzt hört sogar die Schwester zu.
„Du schönes Kind, bald bist du mein.
Ja, morgen soll die Hochzeit sein."

Am nächsten Tag ist er bereit.
„Zum Essen hab' ich keine Zeit."
„Sag, was spielst du?" fragt Mutter dann,
und Peter gibt gar mächtig an.

„Ich bin der Prinz vom großen Reich,
viel reicher als der reichste Scheich.
Die Schönste sitzt auf meinem Roß,
und reitet mit zu meinem Schloß."

Die Schönste, wer mag das wohl sein?
Da kommt sie an, das Schwesterlein.
„Schau, Aschenputtel, deine Braut!"
Der Peter schaut, und Lies' lacht laut.

Strubbelpeter, Schnatterliese,
die Geschichte, die war diese.

Strubbelpeter, Schnatterliese, die Geschichte, die ist diese:

Munter Fangeball zu spielen,
um Vergnügen zu erzielen,
alle Kinder mögen dies,
auch der Peter und die Lies'.

Doch im Schutz der Gartenhecke
knüpft zu hinterlist'gem Zwecke
Vetter Klaus dem Hündchen Greif
eine Dose an den Schweif.

Wie er's schon geplant seit Wochen,
wirft der Klaus dann einen Knochen
und ist keineswegs verwirrt,
als 'ne Fensterscheibe klirrt.

Lies' und Peterchen hingegen
überrascht der Scherbensegen;
sie beteuern: „Unser Ball
war das nicht – auf keinen Fall!"

Mutti läßt das so nicht gelten,
und man hört sie zornig schelten,
arg erschrocken von dem Knall...
Peter fragt: „Wer hat den Ball?"

Bälle, die durch Fenster fliegen,
müßten in der Stube liegen,
was hier keineswegs der Fall ...
Seht, da liegt er ja – der Ball!

Mutti muß sich eingestehen,
daß sie dies wohl übersehen;
sie denkt nach und meint sodann:
„Kinderchen, da ist was dran!"

Während sie noch überlegen,
wie, warum, weshalb, weswegen,
hört man plötzlich hinterm Haus
Kichern – wie vom Vetter Klaus.

Ja, da hockt der schlimme Knabe,
hat Gedanken schwarz wie 'n Rabe;
„Brav, mein Hündchen", lobt er, „brav ...!"
Greif blickt unschuldsvoll wie 'n Schaf.

Er ist nur ein kleiner Köter,
Klaus allein der Missetäter;
ganz bescheuert steht er da,
schildert, wie die Tat geschah.

Dies zur Warnung allen Sündern.
Klaus muß jetzt sein Sparschwein plündern;
alles Geld geht für den Kauf
einer neuen Scheibe drauf.

Strubbelpeter, Schnatterliese,
die Geschichte, die war diese.

Strubbelpeter, Schnatterliese, die Geschichte, die ist diese:

Die Kinder spielen gerne heut,
mal Blindekuh, die alle freut.
Die Ehre wird dem Klaus zuteil,
dann wird er blind für eine Weil.

Schnatterliese schwingt die Glocke,
daß der Klang den Klausi locke,
damit der Sucher, der ja blind,
die Liese mit dem Glöckchen find'.

Vetter Klaus hat keine Ahnung
von des Peters schlauer Planung.
Der Klaus lauscht nach dem Glockenton,
und denkt erfreut: „Dich krieg' ich schon!"

Heimlich bindet Schnatterliese,
hier im Garten auf der Wiese,
ihrem Hasso, der ist nicht dumm,
schnell die bewußte Glocke um.

Klausi, der die Glocke hörte,
glaubt sich auf der rechten Fährte,
freut sich bereits auf seinen Sieg:
„Warte, Liese, wenn ich dich krieg!"

Vorgestreckt die beiden Hände,
hofft Klaus, daß er Liese fände.
Wie jeder weiß, nicht ohne Grund,
denn Klausi ahnt nichts von dem Hund.

Hasso bimmelt mit der Glocke.
Kläuschen, leicht wie eine Flocke,
nähert sich froh dem Hundilein
und schreit erfreut: „Gleich bist du mein!"

Bums, liegt Klausi auf der Wiese!
Fröhlich schnattert Schnatterliese,
und laut der Strubbelpeter lacht,
weil er sich das hat ausgedacht.

Ja, da bleibt kein Auge trocken!
Vetter Klaus ist sehr erschrocken.
Hund Hasso aber wedelt ganz
frohgemut mit seinem Schwanz.

Seine rosarote Zunge
wedelt ebenfalls, der Junge
Klaus ist selbst weniger vergnügt,
angstvoll er auf dem Rücken liegt.

Strubbelpeter, Schnatterliese,
die Geschichte, die war diese.

Strubbelpeter, Schnatterliese, die Geschichte, die ist diese:

Die Kinder sitzen vor dem Haus
und schneiden einen Kürbis aus,
wollen ihren Vetter necken,
ja, womöglich schrill erschrecken.

Schnatterliese bindet Haare,
und die großen Monsterpaare
werden beide bunt verkleidet,
damit keiner Kälte leidet.

Sehr freudig rennen sie dann los
durch Straßen, Gassen. „Toll, famos!"
rufen Peter, die Liese laut,
nur wirklich still ein Monster schaut.

An Klausis Fenster angelangt,
stellen die Kinder unerkannt
schnell ihre Kürbismonster auf.
Doch noch schaut Klausi nicht darauf.

In dem Garten, in den Hecken
sich die Kinder dann verstecken,
und sie brüllen wie zwei Löwen,
grölen auch wie alte Möwen.

In seinem Zimmer, hier im Haus,
spielt frohgelaunt der Vetter Klaus,
Indianer stürmen auf das Fort,
doch was sieht Vetter Klaus vor Ort?

„Hilfe! Hilfe! Sagt, was wollt ihr?
Verschwindet beide! Weg von hier!"
Und Peter schreit: „Uuuaah, uuaah!"
Ganz kreidebleich sitzt Klausi da!

Der Klausi bibbert, ist allein,
ein starker Mann kann er nicht sein.
Im Spiel zu siegen ist sein Stolz
als Häuptling aus lackiertem Holz.

Zum Glück pocht jemand an die Tür.
„Klaus, sei gegrüßt! Wie geht es dir?"
„Schrecklich, schrecklich! Seht es euch an,
zwei Hexen-Monster greifen an!"

„Ach, Vetter Klaus, das kann nicht sein!
Sag, was meinst du, mein Schwesterlein?"
spricht lachend Strubbelpeter jetzt,
und Klausilein schaut ganz entsetzt.

„Ich packe meine Sachen gleich,
komm mit zu euch", spricht Klaus nun bleich.
Doch dann schaut Klaus und hat entdeckt,
welch Kürbisstreich war ausgeheckt.

Strubbelpeter, Schnatterliese,
die Geschichte, die war diese.

Strubbelpeter, Schnatterliese, die Geschichte, die ist diese:

Regen fällt seit frühem Morgen,
Liese schaut ganz voller Sorgen
in den nassen Blumengarten,
Sonnenschein läßt auf sich warten.

„Sei nicht traurig!" ruft der Peter,
und ein kleines Weilchen später
malen Peter, Lies' vergnüglich
Blumen, Sonne ganz vorzüglich.

Und gar viele bunte Sachen
lassen sich gemeinsam machen.
Das erfreut die Kinder sehr,
Sonnenschein hier wie am Meer.

„Schau mal, Peter", sagt die Liese,
„ich mag heute lieber diese
handgemalte gelbe Sonne
als den Regen in der Tonne."

„Du hast recht, mein Schwesterlein,
Regentage sind gemein…"
Und die Klingel schrillt im Haus.
Wer da kommt, ist Vetter Klaus.

Pocht ans Türholz. „Macht mal auf!"
Klausi kommt in schnellem Lauf
mit der Freundin Jessica,
naß und frierend steht sie da.

Und der Klausi tobt jetzt wütig:
„Keiner meint es mit uns gütig!
Glaubet mir, was ich euch sag',
heute ist ein mieser Tag!"

„Spiele mit uns!" sagt die Liese,
„Würfelspiel mit Zwerg und Riese."
Jessica, die freudig lacht,
wird als Starter ausgemacht.

Und die Kinder würfeln, lachen,
Klausi muß mal Pause machen
auf der langen Würfelreis',
ohne Glück gibt's keinen Preis.

Da sieht Klausilein die Sonne.
„Kinder, ist das eine Wonne!"
Im Zimmer will nicht sein der Klaus,
rennt urplötzlich aus dem Haus.

Während alle Kinder lachen,
muß der Klausi Sprünge machen,
Sonnenschein am Fensterglas
ist der Kinder Regenspaß.

Strubbelpeter, Schnatterliese,
die Geschichte, die war diese.

Strubbelpeter, Schnatterliese, die Geschichte, die ist diese:

Zauberkünstler Egon Klein denkt: „Hier bin ich nicht allein und kann unbelauscht beizeiten meinen „Zauber" vorbereiten."

Schnell die Häslein ins Verlies! Lies' und Peter sehen dies, finden so was sehr gemein, ängstlich grunzt das kleine Schwein.

Eh' die Häslein sich's verseh'n, ist es schon um sie gescheh'n, und sie landen voller Bängnis durch die Klappe im Gefängnis.

Egon macht die Klappe zu, geht nach Haus in Seelenruh'. Peter sagt zum Schwesterlein: „Diesmal fällt der Egon rein!"

Schnell macht er die Klappe auf, holt die kleinen Hasen rauf, und er lacht: „Das wird ein Spaß heute abend. Wetten, daß?"

„Häslein, kommt aus dem Zylinder!"
nuschelt Klein. Die beiden Kinder
Lies' und Peter, starr'n gespannt
auf den Stab in Egons Hand.

Mag den Stab er noch so schwingen,
diesmal muß der Trick mißlingen!
„Kommt heraus!" faucht Egon bös',
denn er ist schon sehr nervös.

Egon denkt, total verzweifelt,
das ist heut' ja wie verteufelt!
„Krötenschleim und Höllenbrut,
hüpft ihr endlich aus dem Hut?"

Nichts passiert, trotz Egons Locken.
Der ist völlig von den Socken.
So was, denkt er irritiert,
ist mir ja noch nie passiert!

Unvermutet springen plötzlich
auf die Bühne, wie entsetzlich,
Häslein aus dem Publikum.
Egon kreischt, dann fällt er um!

Strubbelpeter, Schnatterliese,
die Geschichte, die war diese.

Strubbelpeter, Schnatterliese, die Geschichte, die ist diese:

Bei den Ponys auf der Wiese
sind heut' Peter und die Liese.
Und sie wollen gleich ausreiten,
Heiterkeit soll sie begleiten.

Am Sattel hat die Lies' zu tun,
und ihr Pony will nicht ruhn.
Trabt und wiehert vor sich hin,
scheinbar ohne Zweck und Sinn.

Endlich tut's dem Kind gelingen,
auf sein Pony sich zu schwingen.
Stolz sitzt Liese obendrauf,
der Ritt geht los, in schnellem Lauf.

Peter reitet nebenher,
und es fällt ihm gar nicht schwer,
mit der Schwester Schritt zu halten,
stramm läßt er die Zügel walten.

Liese lacht mit heit'rer Miene,
um die Blume summt die Biene:
„Bruder, heute ist ein Tag,
wie ich ihn so gerne mag!"

Liese, hier noch ziemlich munter,
reitet froh den Berg hinunter,
in dem Wald spielt Vetter Klaus
mit dem Hund aus Nachbars Haus.

Und der Stock fliegt hoch und weit,
Klausis Hundi steht bereit,
will schnell laufen wie der Wind,
doch der Stock trifft Tier und Kind.

Selbst die Ruhe zu bewahren,
schafft das Tier nicht bei Gefahren.
Lieses Pony wiehert laut,
böse nach dem Stock es schaut.

Da, o Schreck, es fliegt die Liese
mit dem Hintern auf die Wiese.
Bruder Peter eilt herbei,
neu ertönt ein Hilfeschrei.

Liese ist zutiefst erschrocken.
„Aus dem Wald muß ich ihn locken,
unsren dummen Vetter Klaus."
Beide schauen nach ihm aus.

Aber Klaus kann's nicht gelingen,
sich in Sicherheit zu bringen.
Ja, es war ein übler Streich,
doch den Klausi trifft's zugleich.

Strubbelpeter, Schnatterliese,
die Geschichte, die war diese.

Strubbelpeter, Schnatterliese, die Geschichte, die ist diese:

Peter und das Lieselein
sammeln emsig Äpfel ein,
denn aus ihnen kann man binnen
kurzer Zeit viel Saft gewinnen.

Lieselchen steht voll Int'resse
vor der großen Apfelpresse.
Peterchen, mit aller Kraft
produziert den Apfelsaft.

Kläuschen hinter einer Hecke,
schielt verstohlen um die Ecke.
Sicher brütet Vetter Klaus
wie gewöhnlich, Unheil aus.

Ihren Bruder fragt die Schwester:
„Was ist das für'n Zeug?" – „Na, Trester!"
sagt der Peter gut gelaunt,
weil sein Schwesterlein so staunt.

„Trester bringen wir den braven,
nützlich-friedevollen Schafen,
denn für diese, mußt du wissen,
ist das „Zeug" ein Leckerbissen!"

Kläuschen schnüffelt mit dem „Rüssel",
sucht vergeblich nach der Schüssel
mit dem Saft. Mein lieber Klaus,
die ist leider längst im Haus.

Vetter Klaus merkt sehr beklommen,
daß sie Peter mitgenommen,
drum trampelt er voll Wut
in den Trester. Das tut gut!

Kläuschen hofft, solch Lümmel ist er,
daß die fleißigen Geschwister
auf dem Mischmasch stolpern, rutschen,
und er freut sich, das wird flutschen!

Seht, sie kommen aus dem Haus,
doch sie rutschen nicht drauf aus,
schlürfen mit Genuß den Saft,
Vitamine geben Kraft.

„Trinke mit uns!" ruft der Peter,
doch als Klaus, der Schwerenöter
Anlauf nimmt, da liegt er, oh –
unverhofft auf seinem Po.

Wer nach fremdem Unheil strebt,
and'ren eine Grube gräbt,
hinterhältig und gemein,
der fällt oftmals selbst hinein!

Strubbelpeter, Schnatterliese,
die Geschichte, die war diese.

Strubbelpeter, Schnatterliese, die Geschichte, die ist diese:

Sind die Taschen ratzeleer,
fällt's bekanntlich äußerst schwer,
eine Pizza hier zu kaufen.
„Komm, laß uns nach Hause laufen!

Meine Idee gefällt dir sehr,
das Pizzabacken ist nicht schwer!"
spricht die Liese, und sie lacht.
Weiß sie, wie man Pizza macht?

„Hast du einmal zugeschaut,
wie Mami diesen Teig gebraut?
Wasser, Mehl und Öl sind Dinge,
die man braucht, daß er gelinge."

Zuerst mal muß die Hefe gehen,
staunend kann's der Peter sehen,
Lies' rührt den Teig mit aller Kraft,
und endlich hat sie es geschafft.

Der Teig ist fertig, steht bereit.
Peter ruft: „Es ist soweit!"
Kneten, formen darf er dann
mit Geschick, der kleine Mann.

„Bringe mir Salami und die große
Dose mit Tomatensoße,
auch den Käse schnell herbei!"
Peter tut dies, eins, zwei, drei.

„Fang schon an, den Teig zu rollen,
anstatt hier herumzutollen!"
meint die Liese, und sie lacht:
„Diese Pizza wird 'ne Pracht!"

Schon singt Peter: „Roll, roll, roll,
Pizza backen, das ist toll!"
Wirft den Teig hoch, elegant,
fängt ihn sicher mit der Hand.

Nach einer Weile, ofenfrisch,
steht eine Pizza auf dem Tisch,
ist recht knusprig, lecker, fein,
da kommen auch die Eltern heim.

„Schau mal, Papi, welch ein Glück!"
ruft die Mami, ganz entzückt.
„Unsre beiden Kleinen hier
sorgen heut für alle vier.

Das ist sehr lieb! Doch denkt daran,
daß auch Gefahr vorhanden dann,
wenn Kinder am Elektroherd allein
Koch und Köchin wollen sein."

Strubbelpeter, Schnatterliese,
die Geschichte, die war diese.

Strubbelpeter, Schnatterliese, die Geschichte, die ist diese:

In dem Zimmer spielt die Liese,
Peter will hinaus zur Wiese
mit dem Fußball unterm Arm.
Heute ist es gar nicht warm.

Strubbelpeter geht beschwingt,
froh ein Fußball-Lied er singt.
Doch am Zaun hält er dann an,
tut, was er nicht lassen kann.

„Oh, für Liese", ruft der Peter,
„ich muß lesen, Liese später."
Und Strubbelpeter blickt zum Haus,
ja, keiner schaut zum Fenster raus.

„Lieb, der Brief von Martin Donna",
wieder schreibt er ohne Komma.
„Lieselein, du bist mein Schatz,
in meinem Herz ist für dich Platz."

Und der Peter schmunzelt heiter,
liest die netten Zeilen weiter,
die keineswegs für ihn bestimmt
und ein Briefgeheimnis sind.

Der Martin Donna ist ein Star,
spielt gut Fußball, das ist klar.
„Wenn ich kicke, denk ich an dich,
denn du schreist, nur laut für mich."

Peter kann es noch nicht fassen,
und er will es gar nicht lassen.
„Nun, meine Freunde, paßt gut auf,
der Martin schießt aus vollem Lauf.

Will uns als Stürmer bald besiegen."
„Doch er wird kein Tor reinkriegen",
verkündet lauthals Vetter Klaus,
„Martin kickt nur hinterm Haus.

Wir sind ein Team und schießen scharf,
was der Donna im Hof nicht darf.
Im Park ist uns're Fußballwelt,
spielen hier, wann's uns gefällt."

Derweil zu Hause Liese klagt:
„Wo ist der Brief, der angesagt?"
Und nun, Kinder, paßt gut auf,
Gerechtigkeit nimmt ihren Lauf.

Etwa drei, vier Stunden später,
schleicht nach Hause Strubbelpeter.
Liese fragt, Peter erschrocken,
und nun fängt er an zu bocken.

Liese nimmt, was war verschwunden,
Martins Brief will sie seit Stunden.
Peter schaut nun doch bedrückt,
weil ihn sein Gewissen zwickt.

Strubbelpeter, Schnatterliese,
die Geschichte, die war diese.

Strubbelpeter, Schnatterliese, die Geschichte, die ist diese:

Die lieben Eltern gehen aus,
die Kinder sind brav zu Haus',
sie winken: „Amüsiert euch schön,
kommt bald zurück, auf Wiedersehn!"

Doch Peter ist nicht lange brav,
laut ruft er: „Liese, sei kein Schaf,
wir sind alleine in der Stube,
drum drücken wir jetzt auf die Tube!"

Sogleich macht er das Fernsehn an,
daß Schwesterchen nicht lesen kann.
Er tanzt und springt, dazu er schreit,
die lieben Eltern sind ja weit.

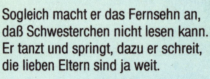

Und stampfend im Dreivierteltakt
ist Strubbelpeter jetzt auf Trab
und schreit in höchsten Tönen helle
die Liederchen der neuen Welle.

Er schreit, als stecke er am Spieße,
vergeblich müht sich Schnatterliese,
des Bruders Übermut zu dämpfen
und seine Schreilust zu bekämpfen.

Umsonst, umsonst ist alle Mühe,
der Peter brüllt wie hundert Kühe,
ist völlig außer Rand und Band,
die Möbel wackeln und die Wand.

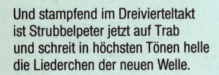

Den Krach hält Liese nicht mehr aus,
sie stürzt verstört zur Tür hinaus,
und sagt zu sich: „Ja, schrecklich klingt,
was dieser Spinner heute singt!"

Um weiter nichts mehr hör'n zu müssen,
verkriecht sich Liese unterm Kissen,
und unter diesem Federhut
seufzt Schnatterliese: „Das tut gut!

Er ist ja schließlich nicht allein!
Anstatt zu stampfen und zu schrein,
sollt' er auf andre Rücksicht nehmen,
man muß sich vor den Nachbarn
schämen."

Der Strubbelpeter kreischt noch immer,
jedoch sogar noch etwas schlimmer,
da klopft es plötzlich hart ans Fenster,
der Peter denkt: „Nanu, Gespenster!"

Der Nachbar ist's von nebenan,
weil er vor Krach nicht ruhen kann.
Erbost tritt er zur Tür herein,
und Peter sieht sein Unrecht ein.

Der Peter sagt: „Es tut mir leid,
nun wünsch' ich gute Ruhezeit!"
Die Schnatterliese spricht: „Juhu!
Jetzt habe ich auch endlich Ruh!"

Strubbelpeter, Schnatterliese,
die Geschichte, die war diese.

Strubbelpeter, Schnatterliese, die Geschichte, die ist diese:

Heute sollte Waschtag sein,
aber Mutti, wie gemein,
hat zu ihrem Schreck entdeckt:
Die Maschine ist defekt!

Mutti hat, total beklommen,
dann am Telefon vernommen,
daß vom Kundendienst der Mann
leider noch nicht kommen kann.

Abseits schecken die Geschwister
mit Getuschel und Geflüster,
ob und wie, womit und wann,
man der Mutter helfen kann.

Röcke, Hosen, graue Kragen,
wachsen schon in ein paar Tagen,
nach und nach, o Mann, o Mann,
zu 'nem Riesenhaufen an.

Liese nimmt mit heit'rer Miene
aus der störrischen Maschine
alle Wäschestücke raus,
Peter trägt sie hinters Haus.

Dort beginnt ein emsig Treiben,
Klatschen, Bürsten, Rubbeln, Reiben,
und bei manch beschwingtem Wort
fließt die Arbeit munter fort.

Lustig fliegen Seifenflocken,
T-Shirts, Unterkleider, Socken,
werden reiner noch als rein,
„porentief" im Sonnenschein.

Liese flachst verschmitzt, sie fände,
daß noch nie so saub're Hände
sie bei Peter jemals sah …
Peter kontert: „Bla, bla, bla!"

Liese lacht: „Du kleiner Scheißer,
sahst du je ein Hemd, das weißer?"
und so blödeln sie zu zweit,
weil die Arbeit sie erfreut.

Als die Mutti dann gesehn,
was inzwischen hier geschehn,
währenddem sie in der Stadt,
ist sie glatt vor Staunen platt.

Dann jedoch spricht sie entschlossen:
„Weil ich soviel Glück genossen,
gehn wir heute richtig aus
zu dem Pizza-Bäcker Klaus!"

Strubbelpeter, Schnatterliese,
die Geschichte, die war diese.

Strubbelpeter, Schnatterliese, die Geschichte, die ist diese:

„Schau mal, Peter!" sagt die Liese, „Ich bin sauer über diese tonnige Papierverschwendung! Jeden Tag 'ne neue Sendung.

Täglich regnet's buntgescheckte Werbesprüche und Prospekte, von den Leuten nicht bestellt, was den meisten nicht gefällt."

Später, auf der Gartenbanke, kommt dem Peter ein Gedanke, und vom Supermarkt der Boß, findet diesen ganz grandios.

Bald schon tönt der Kinder Bimmel
mitten im Verkehrsgetümmel.
Liese wirbt mit dem Plakat,
Marke „Eigenfabrikat".

„Leute, wollt ihr ‚Kohlen' sparen,
kommt zum Supermarkt in Scharen!"
schreit der Peter ganz entzückt,
hell begeistert und beglückt.

Und so kamen sie zu Haufen,
um im Supermarkt zu kaufen.
Das erfreut die Kinder sehr,
und den Boß, man sieht's, noch mehr.

„Niemals haben soviel Kunden
ihren Weg zu uns gefunden",
schmunzelt stillvergnügt der Boß,
„ihr seid super-riesengroß.

Darum, das ist selbstverständlich,
zeige ich mich euch erkenntlich:
Ihr bekommt aus Dankbarkeit
Erdbeer-Eis auf Lebenszeit!"

Strubbelpeter, Schnatterliese,
die Geschichte, die war diese.

Strubbelpeter, Schnatterliese, die Geschichte, die ist diese:

Das Federballspiel macht viel Spaß,
auch Lies' und Peter finden das;
drum sind sie beide sehr vergnügt,
egal, wer letzten Endes siegt.

Mit der Sofortbildkamera
naht Vetter Klaus – schon ist er da
und mosert: „Ihr habt ja 'nen Knall
mit euerm blöden Federball!"

„Selbst blöde", meint der Peter drauf;
der Vetter sagt: „Ich nehm' euch auf…"
Doch Lies' und Peter, diese beiden,
verwirr'n ihn durch Grimassenschneiden.

Als sie jedoch die Fotos sah'n,
war'n sie davon nicht angetan
und mußten ehrlich eingestehn,
sie waren nicht besonders schön.

Schief grinst der schadenfrohe Klaus:
„Ihr seht ja beide prächtig aus –
ich wette fast, auf dieses Bild
ist jede Tageszeitung wild!

Man sieht, daß mächtig ihr in Form,
die Tiefenschärfe ist enorm –
vor allem Peters spitze Zunge
ist glatt ein Hammer – Junge, Junge."

Der Peter – ohne Klaus zu hassen –
will dies nicht auf sich sitzenlassen,
hat sich mit Schnatterlies' verkrochen
und einen finst'ren Plan besprochen.

Scheinheilig sagt er dann zu Klaus:
„Du hast den Bogen wirklich raus
und bist ein toller Kam'ramann;
ich glaub', daß ich das nicht so kann!"

„Du könntest es ja mal probier'n,
die Liese darf dir assistier'n,
vielleicht, daß ihr's gemeinsam schafft…",
meint Vetter Kläuschen gönnerhaft.

Damit er seine Kunst versuche,
lehnt Peter sich an eine Buche;
Lies' nimmt den Vetter bei der Hand
und lockt ihn an des Teiches Rand.

„Recht freundlich lächeln!" sagt die Lies'
und lächelt selber zuckersüß;
der Peter ruft mit keckem Blick:
„Tritt bitte einen Schritt zurück!"

Ein Plumps, ein Klatschen und – o Graus,
im Wasser strampelt Vetter Klaus;
und Peter lacht: „Auf dieses Bild
ist die gesamte Presse wild!"

Strubbelpeter, Schnatterliese,
die Geschichte, die war diese.

Strubbelpeter, Schnatterliese, die Geschichte, die ist diese:

Lies' und Peter lachen beide
voller Heiterkeit und Freude;
von der alten Geisterbahn
sind sie mächtig angetan.

Vetter Klaus ist and'rer Meinung:
„Meiner sportlichen Erscheinung",
spricht er voller Übermut,
„stünde dieses Schwungrad gut!"

Peter sagt zum Vetter: „Ehrlich –
so was wär' mir zu gefährlich.
Wenn man nie damit trainiert,
ist ein Unglück schnell passiert!"

Vetter Klaus wird nur noch kecker,
„Ach, ihr Zuckerwatte-Schlecker",
höhnt er voller falschem Stolz,
„da bin ich aus härt'rem Holz!"

Um nun dieses zu beweisen,
steigt er in das Rad aus Eisen,
brüstet sich vor aller Welt:
„Seht, was bin ich für ein Held!"

Lies' und Peter sind indessen
auf die Schaukel ganz versessen,
die bereits seit langer Zeit
jedes Kinderherz erfreut.

Vetter Klaus in seinem Rade
weiß nicht mehr, was schief, was grade,
und es lallt der arme Tropf:
„Oh, wie trieselt mir der Kopf!"

„Hätt' ich nur", denkt er beklommen,
„nicht den Mund so voll genommen,
ehrlich – das geschieht mir recht...
Hilfe, Hilfe – mir wird schlecht!"

Doch da kommen schon die Retter;
schnell befreien sie den Vetter,
trösten ihn voll Freundlichkeit,
denn jetzt tut er ihnen leid.

Klaus, nur noch ein Nervenbündel,
immer noch erfaßt vom Schwindel,
nimmt sich ganz fest vor, im Leben
möglichst nie mehr anzugeben.

Strubbelpeter, Schnatterliese,
die Geschichte, die war diese.

Strubbelpeter, Schnatterliese, die Geschichte, die ist diese:

Lies' und Peter haben beide
an den Kinderbüchern Freude;
kommend aus der Bücherei,
gehn am Rummel sie vorbei.

Boshaft lacht der Vetter Klaus
die zwei „Leseratten" aus:
„Bücher find' ich doof und fad –
ich fahr' lieber Riesenrad!"

Die Geschwister gehen heiter
unbeirrt die Straße weiter;
fröhlich packen sie zu Haus
die entlieh'nen Bücher aus.

Lies' hat etwas über Elfen,
weil die oft den Menschen helfen;
Peterchen hat allerlei
vom Indianerfan Karl May.

Da sie heut so brav gewesen,
dürfen sie im Bett noch lesen.
Liese liest der Mutti vor,
und die Mutti ist „ganz Ohr".

Peter macht es viel Vergnügen,
daß mal die, mal jene siegen;
und mit Häuptling Winnetou
ist er schon auf du und du.

Plötzlich aber tönt's ganz nah:
„Klinglingling – tatütata ... !"
Blitzschnell durch den Stadtverkehr
braust heran die Feuerwehr.

Lärmend und in wilder Hatz
donnert sie zum Rummelplatz ...
Lies' und Peter springen auf,
folgen ihr in schnellem Lauf.

Auf der Leiter naht der Retter
und befreit den kecken Vetter,
der ein Bein sich eingeklemmt,
grad' im richtigen Moment.

Strubbelpeter, Schnatterliese,
die Geschichte, die war diese.

Strubbelpeter, Schnatterliese, die Geschichte, die ist diese:

Pieps, der grüne Wellensittich,
ein Geschenk von Onkel Fittich,
ist der Liese ganzes Glück
und auch Peters bestes Stück.

Pieps kann manches Kunststück machen,
wirklich allerliebste Sachen:
Piepsen kann er wie 'ne Maus,
kichern gar wie Vetter Klaus.

Kläuschen, dem das nicht behagte,
und den arg die Neugier plagte,
klopft ans Fenster: „Macht mal auf!"
Peter kommt in schnellem Lauf.

Er hat ganz den Pieps vergessen,
und von Freiheitsdrang besessen,
flattert der zum Fenster raus...
Liese schreit: „Du blöder Klaus!"

Schuld hat allerdings der Peter,
doch nach einigem Gezeter
wollen alle drei probier'n,
Lieses Piepmatz heimzuführ'n.

Klaus probiert's zuerst mit Pfeifen;
einfach nur nach Pieps zu greifen,
wenn auch die Versuchung groß,
wäre ziemlich aussichtslos.

Liese ist noch immer sauer;
Peter stellt das Vogelbauer,
das er fast vergessen hätt',
listig auf das Fensterbrett.

Lies', statt nur herumzuhocken,
will den Pieps mit Körnern locken.
Der, obwohl er sich noch ziert,
zeigt sich sichtlich int'ressiert.

Doch erst als von seiner Mutter
Peter holt sein Lieblingsfutter
und ihm dies im Napf serviert,
kommt der Piepmatz angeschwirrt.

Wieder einmal kann man sagen:
Stets geht Liebe durch den Magen;
wie beim Menschen, so beim Tier
siegt der Hunger – was meint ihr?

Strubbelpeter, Schnatterliese,
die Geschichte, die war diese.

Strubbelpeter, Schnatterliese, die Geschichte, die ist diese:

Liese sieht man mit dem Knaben
Peter flott zur Schule traben;
und die liebe Mutti spricht:
„Seid schön brav und trödelt nicht!"

Kaum sind sie ein Stück gegangen,
treffen sie zwei and're Rangen;
diese stehn, vor Staunen stumm,
um ein Sportcoupé herum.

„Mann – ist das ein toller Flitzer!
Wäre ich doch sein Besitzer!
Dieser Schlitten ist echt stark,
schätze, dreißigtausend Mark."

Ganz vergeblich mahnt die Schwester:
„Reiß dich endlich los, mein Bester,
denn es ist schon höchste Zeit,
und zur Schule ist's noch weit!"

Peter ist ganz aus dem Häuschen,
da erscheint auch noch das Kläuschen,
sagt: „Was soll die Streiterei?
Nehmt doch heute einfach frei!

In die Schule", lockt der Vetter,
„geht man nur bei Regenwetter;
statt den Lehrer anzuschiel'n,
laß uns lieber Karten spiel'n!"

Liese ist zwar auch kein Engel,
doch sie denkt: Du fauler Bengel!
Schule schwänzen liegt ihr fern,
in die Schule geht sie gern.

Nun, sie muß alleine starten,
Peter spielt mit Kläuschen Karten.
„Los, nun mach schon, altes Haus!"
ruft er fröhlich. „Du spielst aus!"

Schlau spielt Peter und gerissen,
doch dann plagt ihn das Gewissen,
und er ruft: „Wir hören auf!"
Eilt davon in schnellem Lauf.

Mit gewaltig langen Sätzen,
sieht man ihn zur Schule hetzen,
und sein Herz, das klopft wie wild,
weil gewiß der Lehrer schilt.

Peter konnte es nicht schaffen;
schadenfroh die Kinder gaffen,
und der Mathe-Lehrer spricht:
„Nein, Peter so geht es nicht.

Pünktlichkeit ist's halbe Leben –
darum muß ich dir heut' geben,
tut es mir auch noch so leid,
eine dicke Hausarbeit!"

Strubbelpeter, Schnatterliese,
die Geschichte, die war diese.

Strubbelpeter, Schnatterliese, die Geschichte, die ist diese:

„Was machen wir?" sagt die Mama,
„der neue Kühlschrank, er steht da.
Doch der Karton, so riesengroß,
wohin mit diesem Monster bloß?"

„Halt, Mama", spricht Strubbelpeter,
und ein paar Minuten später
wird aus der großen braunen Maus
die Basis für ein Kinderhaus.

Der Peter ist der Architekt,
und Schnatterliese hat entdeckt,
welch Funde in dem Keller sind,
recht frohgelaunt wühlt hier das Kind.

Die Schnatterliese eilt hinauf,
hängt innen die Gardinen auf,
und Strubbelpeter deckt das Dach,
ganz lautlos, ohne schrillen Krach.

Die Kinder kreativ gestalten.
„Das gute Dach, es muß halten",
spricht der Peter zu der Schwester,
und Liese meint: „Ja, mein Bester."

Nach einer Weile ist's soweit,
zum Einzug ist das Haus bereit.
Außen strahlt die Sonne heiter,
Strubbelpeter, er malt weiter.

„Ein Blumenhaus am weißen Strand,
die Blumen strahlen an der Wand,
in unserem Raum ein Paradies",
verkündet froh die Schnatterlies.

Und Peter läßt die Rose strahlen,
roter als die Sonnenstrahlen.
Die Liese geht aus ihrem Haus,
will suchen ihre Möbel aus.

Der Strubbelpeter malt vergnügt,
und an die Wand die Eins gefügt.
Dann kommt zurück das Schwesterlein
und klingelt mit dem Glöckelein.

„Ja, mit Abfall basteln, spielen,
damit Freude zu erzielen,
das habt heut' ihr zwei gemeistert",
spricht die Mutter sehr begeistert.

Strubbelpeter, Schnatterliese,
die Geschichte, die war diese.

Strubbelpeter, Schnatterliese, die Geschichte, die ist diese:

Was nützt ein Zirkus in der Stadt,
wenn man keine „Kohlen" hat.
Also, wenn zu dieser Frist
„Ebbe" in der Kasse ist.

Lies' lacht: „Hier hilft kein Gezeter,
mach' dir keine Sorgen, Peter,
denn mir kommt, wie ich gesteh',
grad 'ne herrliche Idee!"

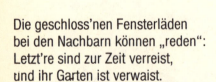

Die geschloss'nen Fensterläden
bei den Nachbarn können „reden":
Letzt're sind zur Zeit verreist,
und ihr Garten ist verwaist.

Listig blickt man über'n Zaun.
Lies' sagt: „Laß uns Äpfel klau'n.
Diese machen wir zu Geld,
für 'nen Platz im Zirkuszelt."

Peter hat zuerst Bedenken.
„Die", meint Lies', „kannst du dir schenken,
Butter- oder Apfelberg
abbau'n, ist ein gutes Werk!"

Um die „Ernte" einzubringen,
paßt es gut, ein Lied zu singen:

In einem kleinen Apfel,
da sieht es lustig aus,
darinnen sind fünf Stübchen,
grad wie in einem Haus.

In jedem Stübchen wohnen
zwei Kerne, braun und klein,
und alle Apfelkerne,
die haben einen Traum,
daß einst aus ihnen werde
ein neuer Apfelbaum.

Bald schon ist das Körbchen voll,
beide freuen sich wie toll.
Und durch den Gesang erstarkt,
schleppen sie den Korb zum Markt.

Wie die Venus einst von Milo
strahlt die Lies', ein schlappes Kilo
bringt, wer es nicht glaubt, der irrt sich,
sag' und schreibe, zwei Mark vierzig!

Jetzt kann man die Clowns besicht'gen.
Um die Nachbarn zu beschwicht'gen,
werden sie die beiden Rangen
mit 'nem „Milch-Frühstück" empfangen.

Strubbelpeter, Schnatterliese,
die Geschichte, die war diese.

Strubbelpeter, Schnatterliese, die Geschichte, die ist diese:

Große und auch kleine Leute
gehen in den Zirkus heute.
Der Peter kann es kaum erwarten,
Liese zeigt dem Mann die Karten.

Die Kinder staunen und lachen,
denn ein Clown macht tolle Sachen.
Alle sind sehr hingerissen,
stehen auf von ihren Kissen.

„Hurra, hurra, liebe Kinder,
seid gegrüßt in diesem Winter!"
spricht hier der Clown zum Publikum.
„Ach nein, die Winterzeit ist um.

Deshalb lacht ihr so fröhlich laut."
Ein jeder auf den Clown jetzt schaut.
„Ich sage nein und meine ja,
toll, toll, ihr seid ja alle da!"

Aus seinem Frack holt er fünf Bälle
und jongliert sie äußerst schnelle,
steckt sie wieder in die Tasche.
„Was der Clown kann, das ist Klasse!"

spricht die Liese zu dem Peter.
„Warte, zu Haus' mach ich das später",
entgegnet keck ihr Brüderlein
und schlägt sich auf das linke Bein.

Ganz plötzlich kommt zu ihm der Ball,
fliegt gleich zurück mit einem Knall.
So geht das Spielchen hin und her,
der Strubbelpeter freut sich sehr.

„Ja, toll, was Strubbelpeter kann,
komm schnell zu mir, du kleiner Mann!"
ruft laut der Clown und Peter schreit:
„Mein lieber Freund, ich bin bereit!"

Jetzt kommt der dicke Ferdinand,
er ist ein kluger Elefant.
Legt um Peter seinen Rüssel.
„Oje, willst du meinen Schlüssel?"

Der Strubbelpeter zappelt, schreit.
„Was Ferdi macht, das geht zu weit!"
ruft entsetzt die Schnatterliese.
Peter schreit laut wie am Spieße.

„Laß ihn los, du graues Wunder!
Laß mein Peterlein schnell runter!"
Dann weiß der Clown nur einen Rat
und schreitet schnell zur guter Tat.

„Hurra, hurra, hier ist sie ja,
schau, Ferdi, sie ist wieder da!"
verkündet hier der Clown munter.
Ferdi wirft den Peter runter.

'Dann bläst der Ferdi die Trompete,
lacht bei dieser Superfete,
die Kinder jubeln, der Clown singt,
viel Frohsinn aus dem Zelte klingt.

Strubbelpeter, Schnatterliese,
die Geschichte, die war diese.

Strubbelpeter, Schnatterliese, die Geschichte, die ist diese:

Im November weh'n die Winde
grob und keineswegs gelinde.
Auf der Jagd nach seinem Hut
packt den Vater stille Wut.

„Jeden Morgen das Theater!"
brummt erbost der liebe Vater.
Joggen nützt zwar der Figur,
aber schadet der Frisur.

„Prüfen wir", sagt Lies' zum Peter,
„wie dem besten aller Väter
gegen Sturmgewalt mit List
und Verstand zu helfen ist."

In der Schule, etwas später,
malt allein der kluge Peter
diese wirkungsvolle Skizze:
„Männerkopf mit Pudelmütze".

Liese ruft: „Das ist eine tolle
Pfundsidee! Ich habe Wolle,
daraus wir zaubern dann im Nu
einen Pudel, ja was meinst du?"

Kaum daheim in ihrer Stube,
gehen Mädchen und der Bube
gleich an das Werk. Die Liese strickt,
während laut die Wanduhr tickt.

Peter hat mit heißen Ohren
sich die Bommel auserkoren.
Für die Pudelmütze ist sie,
was das Tüpfelchen für das „i".

Aber jetzt heißt es sich sputen.
Schon in wenigen Minuten
kommt bald der Hausherr vom Büro,
das ist an jedem Werktag so.

Und heute kommt er nicht später,
durch die Scheibe sieht ihn Peter,
und Peter ruft: „Beeile dich!"
Die Liese macht den letzten Stich.

Vati dankt gerührt den beiden:
„Nun muß ich nicht länger leiden,
und künftig renne ich nicht mehr
dem alten Schlapphut hinterher!"

Die Mutti ruft total beschwingt:
„Du siehst nun unheimlich aus verjüngt!
Dieser Pudel steht dir sehr gut,
viel besser als der Windfang-Hut."

Strubbelpeter, Schnatterliese,
die Geschichte, die war diese.

Strubbelpeter, Schnatterliese, die Geschichte, die ist diese:

Winterfreuden, ohne Frage,
sind ganz wichtig heutzutage.
Und ein Skikurs hat auch Sinn,
Peter, Liese gehen hin.

„Den Körper beugen, seht mal her,
sonst passiert euch ein Malheur.
Bei der Abfahrt aufrecht stehn
und mal in die Hocke gehn."

„Was der sagt, ist großer Quatsch!"
Schnell macht Peter einen Satz,
und er lacht ganz froh und munter:
„Fahre allein den Berg hinunter."

„Peter, laß den dummen Streich!"
ruft das Schwesterherz zugleich.
Ihm ist's jedoch einerlei.
„Was ihr macht, ist Kinderei."

Und der Peter fährt nun ab.
Hoffentlich macht er nicht schlapp,
denkt der Lehrer und er schreit:
„Komm, dann üben wir zu zweit!"

Ei, das läuft ja sehr vorzüglich,
denkt der Peter sehr vergnüglich.
Doch die Freude währt nicht lange,
bald ist Peter angst und bange.

Denn es ändert sich die Handlung,
eine schreckliche Verwandlung.
Peter schaut nun nicht mehr froh,
bald sitzt er auf seinem Po.

Und er wirbelt durch die Luft,
sieht den Schnee und dann die Kluft.
Und ein lauter Hilfeschrei
holt Lies' und den Mann herbei.

Beide sehen, was geschah.
Hilflos liegt der Peter da.
„Weiter geht's, nur keine Bange,
Meister üben sehr, sehr lange!"

Will der Lehrer heiter scherzen,
unser Peter spürt die Schmerzen,
aber diesem Supermann
sieht's man in der Tat nicht an.

Es beginnt in muntrer Runde
eine weit're Übungsstunde.
Peter schwingt die Hüften kläglich,
er muß üben, aber täglich.

Strubbelpeter, Schnatterliese,
die Geschichte, die war diese.

Strubbelpeter, Schnatterliese, die Geschichte, die ist diese:

Lies' und Peters Augen blinken,
als sie ihren Eltern winken.
Draußen liegt 'ne Menge Schnee.
„Gute Fahrt! Adieu, adieu!"

Beide haben schon seit Wochen
einen tollen Plan besprochen,
der Erfolgsaussicht nur hat,
wenn die Eltern in der Stadt.

Angespannt, mit schmalen Lippen,
heißt es erst mal Schnee zu schippen.
Das gehört zu ihrem Plan
und ist ziemlich schnell getan.

Peter freut sich wie die Liese
über das Stück grüne Wiese,
das, bisher vom Schnee bedeckt,
Frühlingsahnung jäh geweckt.

Anfangs ist man sehr betreten.
Weil im Winter nicht vonnöten,
war der Schlauch nicht gleich zur Hand,
der sich dann im Schuppen fand.

Aus dem Gartenschlauch das Wasser
macht die Wiese immer nasser.
Sähe dies die Nachbarschaft,
fände sie das rätselhaft.

Nach Verlauf von zwei, drei Stunden
hat man dann herausgefunden:
Nicht umsonst war all der Fleiß –
aus dem Wasser wurde Eis.

Peter freut sich seiner Schläue,
und die Liese staunt aufs neue,
weil ihr Bruder so begabt,
kommt mit Schlittschuh'n angetrabt.

Heißa – wie die beiden lachten!
Munter drehn sie flotte „Achten",
Schleifen und noch vieles mehr,
gleiten fröhlich hin und her.

Angelockt vom lauten Rufen
und vom Knirschen ihrer Kufen
kommt manch Nachbarskind heraus
und sogar der Vetter Klaus.

Als die Mutti und der Vater
heimkehr'n aus dem Stadttheater,
freuten sie sich ungemein:
Diesen Kindern fällt was ein!

Beifall für die Eiserfinder
spenden auch die Nachbarskinder.
Dann läuft jedes schnell nach Haus'
und kramt seine Schlittschuh raus.

Strubbelpeter, Schnatterliese,
die Geschichte, die war diese.

Strubbelpeter, Schnatterliese, die Geschichte, die ist diese:

Peter läßt sich nicht beirren,
vom Riesenangebot verwirren.
Die Zähne sind ihm nicht egal,
deshalb sucht er in dem Regal.

Was er dann findet, ihn beglückt:
Hier lacht das Zahnmännchen entzückt!
Kaugummis, Bonbons groß und klein,
kaufen Lies' und Peter ein.

Beide dürfen sich dran freuen,
und sie müssen nichts bereuen:
Wenn's Zahnmännchen auf Süßem lacht,
hat's Zähnen nie Verdruß gebracht.

Denn zahnfreundlich sind diese Waren,
darüber ist Peter sich im klaren.
Ohne Zucker kauft er ein,
das Zahnmännchen mit Schirm denkt: „Fein!"

Der Weg nach Hause ist nun weit,
und gestern hatte es geschneit,
es taute, Schnee gefror zu Eis,
Peter schlittert um jeden Preis.

Während Peter schlittert und singt,
ein dumpfes Dröhnen laut erklingt.
Von ferne naht der Nikolaus,
Doch schau! Wie sieht er heute aus?

Auf einer Vespa, grün wie Gras,
fährt Nikolaus, ja nicht zum Spaß.
denn heute hat er viel zu tun,
hat keine Zeit, sich auszuruhn.

Da fällt der Peter auf den Po,
ist ausgerutscht, ganz einfach so.
Er schreit, dann ist er plötzlich stumm.
Der Nikolaus dreht ganz schnell um.

Er stoppt die Vespa, und er spricht:
„Auf dieser Straße rutscht man nicht!"
Doch dann sieht er die guten Sachen,
die auch den Zähnen Freude machen.

„Allen Kindern, die gern naschen,
steck' ich so was in die Taschen!"
ruft er, fährt weiter mit Gebraus,
in dieser Stadt von Haus zu Haus.

Kindertage sind vergnüglich,
Bonbons schmecken dann vorzüglich,
wenn jeder sorglos lutschen kann
mal ohne Schaden dann und wann.

Strubbelpeter, Schnatterliese,
die Geschichte, die war diese.

Strubbelpeter, Schnatterliese, die Geschichte, die ist diese:

Lies' und Peter, diese zwei,
gehn am Vetter Klaus vorbei,
der ein Schneemann-Monster baut,
scheußlich, daß es einem graut.

Klaus behauptet ohne Scham:
„Schneemannbau'n ist Kinderkram.
Monster bauen ist mein Fall..."
Peter lacht. „Du hast 'nen Knall!"

Die Geschwister wollen beide,
allem Teichgetier zur Freude,
einen tollen Schneemann bau'n,
der ergötzlich anzuschaun.

Seht nur, wie der Peter lacht,
ja – er weiß, wie man das macht:
Erst mal muß man aus dem vollen
Schneeberg eine Kugel rollen.

Diese dient als Unterleib.
Und als weit'ren Zeitvertreib
formt aus Schnee man einen Rumpf,
setzt darauf den Kopf als Trumpf.

Schon fängt Peter an zu werken,
doch man kann bereits bemerken,
dies wird nie ein Schneemann, nein –
dazu ist er viel zu klein!

Peter denkt beim Modellieren:
Einen Schneemann auszuführen
fiele mir gewiß nicht schwer,
doch ich kann bedeutend mehr.

Liese lacht mit off'nem Mündchen,
klar erkennt man jetzt ein Hündchen,
und die Mau, die kleine Katz,
gibt dem Schneehund einen Schmatz.

Während sich beim Futterstreu'n
alle Schnattertiere freun,
kommt der echte Bello an
und bellt freudig: „Mann o Mann!

Der sieht aus, als wär er mitten
mir aus dem Gesicht geschnitten.
Allerdings ist er nicht blau
und auch nicht wie ich so schlau."

Die Katze Mau schaut hin und her,
Bello lacht und freut sich sehr,
Strubbelpeter hat's gemeistert,
was Bellos Herz so sehr begeistert.

Strubbelpeter, Schnatterliese,
die Geschichte, die war diese.

Strubbelpeter, Schnatterliese, die Geschichte, die ist diese:

Vor der grimmen Kälte schützen
mollig warme Pudelmützen;
alle Kinder wissen dies,
auch der Peter und die Lies'.

Förster Kraus mag sie gut leiden,
darum fährt er mit den beiden
in den weißen Winterwald,
wo es ganz besonders kalt.

Rehlein, Eichhörnchen und Hasen
finden dort jetzt nichts zum Grasen;
alles, was den Tieren schmeckt,
ist von Schnee und Eis bedeckt.

Lies' und Peter schleppen munter
viele Bündel Heu hinunter,
welches sie herangekarrt,
denn das war der Zweck der Fahrt.

Förster Kraus sagt zu den Kindern:
„Um der Tiere Not zu lindern
in der kalten Jahreszeit,
sei uns nie ein Weg zu weit!"

Leise, immer mit der Ruhe –
jedes hastige Getue
und das Rascheln mit dem Heu
macht die lieben Tiere scheu.

Mäuschenstill sind jetzt die Kinder,
auch Herr Förster Krauß nicht minder;
und so kommen denn auch bald
viele Tiere aus dem Wald.

Außer Hasen, Eichhorn, Rehen,
wie wir auf dem Bilde sehen,
stellt sich auch ein wildes Schwein
an der Futterkrippe ein.

Strubbelpeter kann's nicht lassen,
schneidet komische Grimassen
und ruft lachend: „Ei der Daus –
das sieht aber ulkig aus!"

Doch da wird das Wildschwein böse,
mit Geschnaube und Getöse
geht's auf Strubbelpeter los –
dessen Schreck ist riesengroß.

Flugs kann er sich noch verdrücken
hinter des Herrn Försters Rücken,
bis das Schwein von dannen trabt...
g'rade noch mal „Schwein gehabt"!

Strubbelpeter, Schnatterliese,
die Geschichte, die war diese.

Strubbelpeter, Schnatterliese, die Geschichte, die ist diese:

In der Schule streute Klaus
Niespulver im Lehrbuch aus.
Es bereitet ihm Genuß,
wenn der Lehrer niesen muß.

Fürchterlich tönt es: „Hatschi!"
Lehrer Schulz niest wie noch nie.
Klaus, weil er so dußlig lacht,
wird als Täter ausgemacht.

Lehrer Schulz, sonst äußerst friedlich,
reagiert sehr ungemütlich,
weil es ihn total verdrießt,
daß er unerkältet niest.

Er, der eher sanft und gütig,
ist jetzt ausgesprochen wütig.
Er verpaßt, zu Kläuschens Leid,
diesem eine Strafarbeit.

„Zwei, drei Stunden nachzusitzen,
kann der Disziplin nur nützen."
Während alle Kinder lachen,
muß das Kläuschen „Mathe" machen.

Peter aber flüstert Liese
was ins Ohr. Erfreut sagt diese:
„Prima, prima, lieber Peter,
das gebührt dem Attentäter!"

Lies' sagt, um Klaus abzulenken:
„Nie darf man den Lehrer kränken!"
Peter aber nicht von Pappe,
„präpariert" des Vetters Mappe.

Für die Kinder, bis auf Klaus,
ist die Schule schließlich aus.
Über seinen Büchern sitzt
nur noch Klaus, der stöhnt und schwitzt.

Voller Ingrimm denkt der Vetter:
„Strafarbeit bei diesem Wetter
ist die reinste Ironie.
Ha-hatschihatschihatschi!"

Scharfer Duft strömt aus den Büchern,
Kläuschen sucht nach Taschentüchern,
denn er niest in einer Tour:
„Ha-hatschi!" Wie kommt das nur?

Lachend an den Fensterscheiben
Kinder sich die Näslein reiben:
Was du nicht willst, das man dir tu',
das füge keinem and'ren zu!

Strubbelpeter, Schnatterliese,
die Geschichte, die war diese.

Strubbelpeter, Schnatterliese, die Geschichte, die ist diese:

Die Faschingszeit bringt Kindern Freude,
man sieht's bei Klaus und seiner Meute.
Lies' und Peter heimlich lauschen,
was der „Kriegsrat" ist am Mauscheln.

„Schau nur dort, die großen Helden,
haben fortan nichts zu melden!"
lacht der Peter siegessicher,
während Liese hämisch kichert.

„Los, mach schnell, schließ' dein Kostüm!"
ruft der Peter ungestüm.
Liese lacht – welch ein Gezeter –,
sieht sie doch den Löwen-Peter.

Beide schleichen in den Garten,
wo sie auf die „Krieger" warten,
stapfen mit Gebrüll herbei.
Da tönt auch schon des Cowboys Schrei:

„Hilfe! Es rette sich, wer kann!
Tiger und Löwe greifen an!"
In blinder Flucht rennt alles los.
Wo bleibt der Mut der „Krieger" bloß?

Nach zehn Sekunden: Aus der Traum,
Westernhelden auf dem Baum,
zitternd, ängstlich, arg entsetzt,
doch letztlich alle unverletzt.

Was ist denn nun? Ein jeder schaut:
Ein Löwe tanzt mit Tiger-Braut?
Hand in Hand? Und gänzlich friedlich?
Das findet sogar Klaus recht niedlich.

Von den Kriegern weiß jetzt jeder,
daß dies waren Lies' und Peter.
Die Angst ist weg, alles ist munter,
nur Klaus schaut bös' vom Baum herunter.

Strubbelpeter, Schnatterliese,
die Geschichte, die war diese.

Strubbelpeter, Schnatterliese, die Geschichte, die ist diese:

Fasching, Fastnacht und Karneval
feiern die Kinder überall.
Und recht fröhlich sind auch die drei,
Liese, Peter und Klaus dabei.

Liese geht als Stadttrompeter,
die Gitarre nimmt der Peter.
Der Vetter Klaus gibt mächtig an,
er spielt sich auf als Ballermann.

„Die Kostüme, einfach Spitze!"
Ohne Neid sagt es der Fritze.
Voller Stolz Strubbelpeter lacht:
„Alles wurde allein gemacht."

Die Liese schmettert ein Signal,
denn schließlich ist ja Karneval.
Im Garten, in dem Vogelhaus
bricht eine wilde Panik aus.

Aufgeschreckte Vogelkinder
flattern um die beiden Sünder.
Und arg das Vogelelternpaar
bangt jetzt um seine Kinderschar.

Da bläst Schnatterliese wieder,
angstvoll sträuben sich Gefieder,
und Vögel fliegen voller Graus
aus ihrem Vogelhaus hinaus.

Was geschah, war ungezogen!
Als die Vögel fortgeflogen,
lachen Peter und Liese keck:
„Schnurrediburr, nun sind sie weg!"

Dann erstarrn die Übeltäter,
denn ein riesengroßer Köter
stürzt nun hervor mit viel Radau,
und er bellt laut: „Rawau, rawau!"

Liese, Peter voll Entsetzen
können grade noch entwetzen.
Und froh die Vögel auf dem Zweig
zwitschern: „Kinder, was seid ihr feig!"

Strubbelpeter, Schnatterliese,
die Geschichte, die war diese.

Strubbelpeter, Schnatterliese, die Geschichte, die ist diese:

Mit den Kindern aus der Gegend
feiern hier mit viel Bewegung,
mit Musik und das und dies,
Strubbelpeter und die Lies'.

Plötzlich duftet es gar lecker,
denn der Meister Zuckerbäcker
tritt mit Krapfen, knusprig fein,
eben zu der Tür herein.

„Nur herein, Herr Zuckerbäcker!"
rufen froh die Zuckerschlecker;
und Herr Bäckermeister Kroll
findet die Begrüßung toll.

Fraglos ist er wohlgelitten;
und als ihn die Kinder bitten,
mal die Orgel zu probier'n,
will er sich nicht lange zier'n.

Fröhlich bläst er die Trompete;
Strubbelpeter, Liese, Grete
staunen – denn die and're Hand
dreht die Kurbel mit Verstand.

Alle finden das ergötzlich,
einfach Spitze! – Unersetzlich
ist ja wohl ein solcher Mann
wie Herr Kroll, der alles kann.

Grandios, wenn man bedenkt,
dem Herrn Kroll wird nichts geschenkt.
Früh schon, eh die Hähne krähn,
muß er vor dem Backtrog stehn.

Trotzdem ist er froh und heiter,
feiert mit den Kindern weiter,
und auch die Konfetti-Schlacht
hat er lachend mitgemacht.

Feierlich erklär'n die Kinder,
dies erfreut Herrn Kroll nicht minder,
daß er – Peter tut es kund –
Ehrenchef im Kinderbund!

An dem Karnevalsgeschehen
kann ein jeder deutlich sehen:
Wichtig ist für alt und jung
Wille zur Verständigung.

Strubbelpeter, Schnatterliese,
die Geschichte, die war diese.

Strubbelpeter, Schnatterliese, die Geschichte, die ist diese:

Peter ist heut ziemlich sauer,
draußen nämlich weht ein rauher
Wind, und auch der Regen klatscht,
daß es immer nur so patscht.

Während Peter traurig grübelt,
kommt die Liese angestiebelt.
„Hör' mal zu", spricht sie und lacht,
„was ich mir grad' ausgedacht!

Überall wird jetzt gefeiert,
wird geschunkelt und geleiert.
Freude herrscht in jedem Saal,
denn es ist ja Karneval!

Schließlich ist nicht einzusehen,
daß wir beide abseits stehen.
Fröhlich woll'n wir sein wie sie."
„Fein!" brummt Peter. „Aber wie?"

Liese meint: „Laß mich nur machen!"
Einen Sack voll alter Sachen,
die gut zu gebrauchen sind,
holt vom Boden sie geschwind.

Dann hüllt sie ihr Brüderlein
in ein weißes Laken ein.
„Wenn du darin springst und rennst,
siehst du aus wie ein Gespenst!"

Mutti, die in vielen Nöten
man um Hilfe schon gebeten,
wirkt mit heiter frohem Sinn
als Kostümberaterin.

Sie näht Ärmel in zwei Laken,
ein paar Ösen, ein paar Haken
machen, wie ein wahres Wunder,
Wunderwerke aus dem Plunder.

Mutti lächelt still und leise,
denn sie spart auf diese Weise,
wie sie listig festgestellt,
Kinderfaschingskleidergeld.

Jedes Kind hat sein Kostümchen,
das es, statt mit bunten Blümchen,
weil man da nur Zeit verliert,
kunterbunt mit Klecksen ziert.

Peter bläst zur Faschingsfete;
hell ertönt die Blechtrompete,
und auf seinem roten Schopf
prangt ein blauer Suppentopf.

In den lustigen Gewändern,
aufgemotzt mit bunten Bändern,
startet jetzt die große Schau
mit Alaaf und mit Helau!

Strubbelpeter, Schnatterliese,
die Geschichte, die war diese.

Strubbelpeter, Schnatterliese, die Geschichte, die ist diese:

Heute ist ein Ostertag,
wie Schnatterliese ihn gern mag.
„Peter, schau mal, was im Grase steckt!
Der Osterhase hat's versteckt."

Da liegt ein Ei auf der Wiese.
„Ein Superei!" schreit die Liese.
Und beide Kinder rennen raus,
am Ostersonntag aus dem Haus.

Erfreut stehen sie lachend da.
„Wirklich schade, daß ich nicht sah
die lieben Hasen in der Nacht,
als sie das Ei haben gebracht."

Beklagt der Peter, ist beglückt,
und Liese ruft: „Es ist verrückt,
ein buntes Wunderei zum Spaß
legt uns der Osterhas' ins Gras."

Sosehr der Peter sich bemüht,
das Superei sich hier nicht rührt.
Die Arme reichen nicht drum rum,
er schaut sich nun verzweifelt um.

Dann packt die Liese fest mit an,
und schwuppdiwupp, so geht es dann
zwei Schritte vor in Richtung Haus.
Wer kommt denn da? Es ist der Klaus!

Er schaut zum Himmel, pfeift ein Lied,
dann will er sehen, was geschieht.
Es ist das größte Ei der Welt,
das auch dem Vetter Klaus gefällt.

Was dann passiert, es ist kein Traum!
Doch Strubbelpeter glaubt es kaum.
Ein Hase mit braunen Flecken
will zwei Kinderlein erschrecken.

Strubbelpeter, Schnatterliese,
die Geschichte, die war diese.

Strubbelpeter, Schnatterliese, die Geschichte, die ist diese:

Eine Frühlingsparty geben
heißt, das Leben zu beleben;
messerscharf erkannten dies
Strubbelpeter und die Lies'.

Beide Kinder kennen viele
lustige und munt're Spiele;
und sogar der Vetter Klaus
kennt sich diesbezüglich aus.

Viele amüsante Sachen
lassen sich gemeinsam machen;
beispielsweise diese ganz
tolle mit dem Eselsschwanz.

Liese, Peter, Klaus und Hänschen –
jedes Kind erhält ein Schwänzchen,
das es anzuheften gilt,
wie wir's sehen auf dem Bild.

Weil die Augen fest verbunden,
ist sie nicht so leicht gefunden,
jene Stelle, wo er ganz
richtig sitzt, der Eselsschwanz.

Liese schafft es ohne Tadel,
sicher pikst sie mit der Nadel
zielbewußt und ohne Eil'
in des Esels Hinterteil.

Dann gelingt es Klaus mit Mühen,
'nen Bonbon herauszuziehen;
an der Angel, wie ihr seht,
hängt als „Köder" ein Magnet.

Ein Bonbon nur – welch ein „Hammer" –
hat aus Eisen eine Klammer,
weil bekanntlich ein Magnet,
lediglich auf Eisen „steht".

Wie gesagt, Klaus kann sich freuen,
und er muß auch nichts bereuen,
doch man fragt sich ungewollt,
ob das Glück ihm ferner hold.

Voller Frohsinn geht es weiter.
Dieses Spiel ist auch sehr heiter;
diesmal geht's, statt um Bonbons,
wie man sieht, um Luftballons.

Sackhüpfen macht auch Vergnügen,
schöne Preise kann man kriegen.
Leider fällt der Vetter Klaus,
bei der Preisverteilung aus.

Kläuschen, hüpfend wie ein Hase,
fiel ins Gras und auf die Nase;
doch es ist noch, immerhin,
wenigstens ein Trostpreis drin.

Strubbelpeter, Schnatterliese,
die Geschichte, die war diese.

Strubbelpeter, Schnatterliese, die Geschichte, die ist diese:

Es spielen Peter und die Liese
Federball auf grüner Wiese.
Was sie sehn bei andren Kindern,
gilt es schleunigst zu verhindern.

Liese sagt: „Du fauler Bengel,
was du tust, sehn selbst die Engel!
Räum die Dose schnellstens weg,
hier von diesem grünen Fleck!"

Wenn man mit Hundchen rumspaziert,
ist es normal, daß es passiert,
denn jedes Tierchen muß halt mal,
das ist nicht sonderlich fatal.

Doch Anstand und die Sauberkeit
gebieten es zu jeder Zeit,
daß, was Hundchen von sich gibt,
nicht mehr auf der Wiese liegt.

Der Umweltschutz, ganz ohne Frage,
ist sehr wichtig heutzutage,
und daß niemand ihn verletze,
schuf man dafür auch Gesetze.

„Schau, was dieser Mann hier tut!
schreit der Peter voller Wut.
Auspuffruß, Schmiere, Öl und Dreck
schwimmen im Park zum Wasser weg.

„Er hält wohl nichts von Sauberkeit
auf dieser Wiese. Tut mir leid,
die ist dafür der falsche Platz!"
Sogar die Ente macht Rabatz.

Verwundert schaut der Vespa-Putzer,
ist ertappt als ein Verschmutzer.
Böse Blicke von der Liese
treiben ihn von dieser Wiese.

„Entschuldigung! Es tut mir leid!
Spielt weiter hier zu eurer Freud'!
Ich nehm' mir vor, in meinem Leben
auf Schmutz und Müll mehr achtzugeben."

Zufrieden sind Peter, Liese,
machen sauber auf der Wiese,
und die Ent' im Watschelgang
geht mit auf Unrat-Abfallfang.

Strubbelpeter, Schnatterliese,
die Geschichte, die war diese.

Strubbelpeter, Schnatterliese, die Geschichte, die ist diese:

Auf dem Frühstückstisch gemütlich
tut sich die Familie gütlich;
jeder weiß am Muttertag,
was die liebe Mutti mag.

Dann sind Lies' und Peter fleißig:
Schüsseln, Flaschen und was weiß ich
packen die Geschwister ein...
Draußen lockt der Sonnenschein!

Muttis Wunsch war es seit Jahren,
auf dem Rad hinauszufahren
mit den Kindern und Papa;
dieses Wunschziel ist nun nah!

Umweltfreundlich ist das Radeln,
drum ist es nicht zu tadeln;
auch macht solch „Drahtesel-Ritt"
Glieder und Gelenke fit.

Kräftig tritt man die Pedale,
radelt frohgemut zu Tale;
Lies' und Peter strampeln keck,
munter schnatternd, vorneweg.

Dann spielt Mutti mit der Liese
Federball auf grüner Wiese;
Vati grillt – und mit Geklirr
wühlt der Peter im Geschirr.

Pustend wie 'ne Dampfmaschine,
aber mit verklärter Miene;
denn das Spiel gefällt ihr sehr,
springt die Mutti hin und her.

Ebenso vergnügt wie diese
ist auch muntre Liese:
„He", ruft Peter, „nicht so wild!"
Vati emsig weitergrillt.

Sport macht hungrig, das weiß jeder,
selbstverständlich auch der Peter;
drum sorgt er für den Salat,
mischt und würzt ihn delikat.

Mutti lobt total begeistert:
„Das habt ihr ganz toll gemeistert...
Glaubet mir, was ich euch sag',
heute ist mein schönster Tag!"

Strubbelpeter, Schnatterliese,
die Geschichte, die war diese.

Strubbelpeter, Schnatterliese, die Geschichte, die ist diese:

Heut' sind Lies' und Peter fleißig.
„Blumenbilder mag sie, weiß ich",
Schnatterliese malt und lacht,
während Peter Ordnung macht.

Ihre Mutter schläft noch aus,
und die Kinder schwirr'n durchs Haus.
Liese wischt den Dreck herunter,
Peter putzt ganz froh und munter.

„Zum Muttertag an Mutter denken
und ihr sehr viel Freude schenken,
denn die Mutter plagt sich täglich",
sagt der Peter leis', fast kläglich.

„Und wir spülen jeden Tag
umweltschonend ohne Plag
für die Fische groß und klein.
Unser Wasser, das bleibt rein!"

Ja, die frühe Morgenstunde
bringt jetzt diese frohe Kunde.
Riesig, was die Liese schafft.
Woher nimmt sie diese Kraft?

Und im Garten vor dem Haus
schaun die Blumen durstig aus.
Strubbelpeter ist bemüht,
daß es hier noch lange blüht.

Dann kommt endlich die Mama,
ihre Blumenkinder stehen da,
und sie schenken voller Glanz
einen bunten Blumenkranz.

Ja, die Mutter ist beglückt.
„Danke, danke", singt entzückt
Strubbelpeter der Mama,
Küßchen hier und Küßchen da.

Strubbelpeter, Schnatterliese,
die Geschichte, die war diese.

Strubbelpeter, Schnatterliese, die Geschichte, die ist diese:

Muttertag war vor zwei Wochen,
und als Dankgeschenk versprochen
wurd' dem lieben Mütterlein
ein Tag Freizeit. Oh, wie fein!

Dieser Tag ist nun gekommen,
Mutti hat sich frei genommen,
ging mit Vati früh schon aus.
Lies' und Peter schwirr'n durchs Haus.

„Mit dem Wedel Staub zu wedeln,
ist wohl nicht so leicht wie blödeln!"
neckt das Lieselein und lacht,
während es die Betten macht.

Hier, zum allgemeinen Nutzen,
sieht man Peter Schuhe putzen;
Liese holt inzwischen ein,
geht zum Markt, auch das muß sein.

Da erscheinet Klaus, der Vetter,
und er lockt: „Bei solchem Wetter
spielt man draußen vor dem Haus!"
Peter grollt: „Verschwinde, Klaus!"

Schwitzend schleppt die kleine Liese
Obst, Kartoffeln und Gemüse,
was besonders uns gefällt,
weil's gekauft vom Sparschwein-Geld!

Während Liese fleißig bügelt,
sagt von Liebe sie beflügelt:
„Nie ist Mutti zu uns schlecht..."
Peter meint: „Da hast du recht!

Morgens schon in aller Frühe
hat sie mit uns beiden Mühe,
trotzdem Zeit zu manchem Spiel,
niemals wird ihr was zuviel.

Immer denkt sie an uns Kinder
und an Vati wohl nicht minder.
Woher nimmt sie nur die Kraft?
Riesig – wie sie alles schafft!"

Während sie sich unterhalten,
Fenster putzen, Wäsche falten,
kommt, welch schöner Augenblick,
schon das Elternpaar zurück.

Mutti ist total begeistert,
wie die Kinder das gemeistert.
Vati lohnt der beiden Fleiß
und spendiert ihr Lieblingseis.

Strubbelpeter, Schnatterliese,
die Geschichte, die war diese.

Strubbelpeter, Schnatterliese, die Geschichte, die ist diese:

Kläuschen ist sonst mehr fürs Raffen,
aber weniger fürs Schaffen,
und darum, das ist doch klar,
ist ein solcher Anblick rar.

Er muß Taschengeld verdienen,
und mit schadenfrohen Mienen
fragen Peter und die Lies':
„Schaffen – wie gefällt dir dies?"

Aber plötzlich hört die Liese
drüben von der Nachbarswiese
vielstimmig ein lautes „Bähhh!"
Da hat Peter 'ne Idee!

Um auch ihn einmal zu necken,
wollen sie den Klaus erschrecken,
und sie malen sich schon aus
das Gesicht vom Vetter Klaus.

„Sonst drückt Klaus meist auf die Tube,
spielt sich auf als böser Bube.
Aber diesmal", lacht die Lies',
„drehn wir ihn mal um, den Spieß!"

Reibungslos dreht sich die Türe
gut geölt in dem Scharniere.
„Schäflein, kommt zum Vetter Klaus,
dort winkt euch ein netter Schmaus!"

Steigt der Duft von frischem Grase
Schäflein in die Schnuppernase,
gibt's für sie kein Halten mehr...
Kläuschen wundert sich gar sehr.

Ganz von Schafen eingeschlossen,
ist der Klaus zuerst verdrossen;
aber nur, bis er ermißt,
was dies für ein Vorteil ist.

Kläuschen braucht mit seinen starken
Armen nun nicht mehr zu harken,
denn die Schäflein, nicht zu knapp,
nehmen ihm die Arbeit ab.

Vetter Klaus bedankt sich herzlich,
Peter lächelt etwas schmerzlich;
So hatt' er's sich nicht gedacht –
doch am Ende wird gelacht.

Der Besitzer jener Wiese
spendet Peter, Klaus und Liese
für die Mühe und den Fleiß
je ein großes Sahne-Eis.

So wurd' allen Glück beschieden,
jeder ist zum Schluß zufrieden;
nur ein Schäfchen blökt ganz leis':
„Bähhh – ich möchte auch ein Eis!"

Strubbelpeter, Schnatterliese,
die Geschichte, die war diese.

Die Schnatterliese geht schon rein,
und Peter meint: Es sei gemein,
das arme Tier allein zu lassen.
Und schon verschwindet's in den Taschen.

„Nun mach schon, kleiner Gernegroß!
Du gehst so hölzern! Was ist los?"
der Vater spricht, als er ihn sieht.
Kann ja nicht ahnen, was geschieht.

Und just, als Peter gerade ißt,
er plötzlich seinen Freund vermißt.
Schwupp, sprang das Tierchen aus der Hos',
ist endlich frei, rennt hurtig los.

Da! Ein Geräusch! Ein Quieken, Nagen!
Wo kommt das her? Könnt ihr es sagen?
Es scheint, viel leck'rer als der Klee
schmeckt Peters roter Lkw!

Strubbelpeter, Schnatterliese,
die Geschichte, die war diese!

Strubbelpeter, Schnatterliese, die Geschichte, die ist diese:

Am Strand zu spielen, fröhlich, frei,
die Lies' und Peter sind dabei,
und weil's sehr viel Freude macht,
ist die Sandburg eine Pracht.

Dann greift Liese nach dem Ruder,
in das Meer schiebt sie der Bruder
mit dem Kurs nach Afrika:
„Trallala, bald sind wir da!"

In das Boot springt Peter nun,
hat gar mächtig viel zu tun.
„Angel raus aus dem Versteck!"
ruft der Fischermann hier keck.

Die Liese muß die Ruder halten,
Peter darf sich frei entfalten,
schnell will er die Fische locken,
wirft ins Meer den größten Brocken.

An die Angel soll ein Hecht,
und kein dünner, bunter Specht,
der hoch springt voll Übermut:
„Danke, Peter, das schmeckt gut!"

Fische freu'n sich wie verrückt,
weil's dem Angler hier nicht glückt.
Es ist ziemlich aussichtslos,
Peters Wille, der ist groß.

Dann ist Fischers Leid vergessen,
Peter zieht hier wie besessen,
an der Angel, immer mehr,
will den größten Fisch vom Meer.

Doch es wartet Ungemach,
hilflos schaut die Liese nach.
Und der Strubbelpeter platscht
in das Wasser, daß es klatscht.

Aus dem Wasser springt gewitzt,
ein Delphin, der selber schützt,
was Strubbelpeter gerne mag,
im Meer, an diesem Sommertag.

Der Delphin ist sanft und gütig,
Peter still und etwas wütig,
hört, was jetzt der Größte spricht:
„Fische fangen lohnt sich nicht!"

Strubbelpeter, Schnatterliese,
die Geschichte, die war diese.

Strubbelpeter, Schnatterliese, die Geschichte, die ist diese:

Lies' und Peter spielen fröhlich,
aber Mutti meint: „Allmählich
wird es Zeit, auch wenn's euch kränkt,
daß ihr an die Schule denkt.

Ja, so ist nun mal die Lage,
heut am letzten Ferientage
macht den Tisch und euch bereit,
langsam für die Schularbeit!"

„Ach, die Ferien waren prächtig!
Trotzdem freue ich mich mächtig
auf die Schule", meint die Lies'.
Peterle bestätigt dies.

Lernen ist fürs Leben wichtig,
und die Kinder räumen tüchtig,
gutgelaunt in schnellem Lauf
eins, fix, drei den Spielkram auf.

Lies' schleppt Peters schwere Tasche,
und sie neckt: „Du alte Flasche,
hast du Blei da oder Zinn
oder Ziegelsteine drin?

Na, das ist ja auch kein Wunder...
Raus jetzt mit dem ganzen Plunder!"
Peter packt das Schulzeug ein,
denkt: Was sein muß, das muß sein!

Dann geht Peter ran „wie Blücher",
Zeichenstifte, Hefte, Bücher
räumt er ein fein säuberlich,
und er sagt: „Ich freue mich!"

Alles ist jetzt „schön in Butter",
auch der Vater und die Mutter
sind zufrieden und vergnügt,
weil sich alles so gefügt.

Vati sagt: „So ist das eben,
Ferien sind sehr schön im Leben,
and'rerseits ist es auch schön.
darf man in die Schule gehn."

Wer genügend vorbereitet,
freut sich, wenn der Wecker läutet,
und kein sanft'res Ruhekissen
gibt es als ein gut' Gewissen.

Strubbelpeter, Schnatterliese,
die Geschichte, die war diese.

Strubbelpeter, Schnatterliese, die Geschichte, die ist diese:

Wurst und and're leck're Sachen,
die dem Gaumen Freude machen,
kaufen Lies' und Peter ein,
Liese zahlt mit einem Schein.

„Danke sehr!" sagt Metzger Krause.
„Ach, wär'n wir doch schon zu Hause..."
denkt der Peter, denn zu Haus
setzt man sich sogleich zum Schmaus.

Hinter einem Gitterzaun,
Schnäuzlein schwarz und Äuglein braun,
hockt ein süßer kleiner Hund.
Peter neckt ihn ohne Grund!

Schneidet gräßliche Grimassen,
Liese wiehert ausgelassen.
Beide sind voll Übermut,
der jedoch tut selten gut.

„Komm'..." lockt Peter immer kecker,
„hier gibt's saft'ge Hunde-Kräcker...
komm', mein Hündchen, näher ran,
daß ich sie dir geben kann!"

„Fein," so mag das Hündchen denken,
„Peter will mir etwas schenken..."
schnuppernd steckt er voll Vertrau'n
seine Nase durch den Zaun.

Peter aber, dieser lose
Bube, schüttelt wild die Dose,
und der Saft, welch schlechter Spaß,
spritzt das Hündchen pudelnaß!

Fiffi ist zutiefst erschrocken,
denn er fühlt sich wohler trocken,
und er denkt: „Wie hundsgemein
können Menschenkinder sein!"

Doch dann ändert sich die Handlung.
Eine schreckliche Verwandlung
bahnt sich an. Zum wilden Tier
wird der Hund, man sieht es hier!

Drohend hebt er eine Tatze,
springt sodann mit einem Satze
hinter seinem Zaun hervor,
Liese gleich den Korb verlor.

Jaulend und voll wildem Feuer,
jagt er wie ein Ungeheuer
und mit ungebremster Wucht
die Geschwister in die Flucht!

„Hilfe, Hilfe!" kreischt der Peter,
auch die Liese macht Gezeter.
Wie in einem bösen Traum
klettern sie auf einen Baum.

Während sie dort oben hocken,
schlingt der Hund, inzwischen trocken,
Wurst und Fleisch in sich hinein.
Liese schreit: „Nein, wie gemein!"

Fiffi läßt sich von den Gören
nicht in seinem Festmahl stören.
Mit Genuß und Appetit
frißt er selbst die Pelle mit.

Strubbelpeter, Schnatterliese,
die Geschichte, die war diese.

Strubbelpeter, Schnatterliese, die Geschichte, die ist diese:

Am Samstag fällt die Schule aus,
und alle Kinder gehn hinaus
in den Stadtwald, wo sie räumen
weg den Abfall unter Bäumen.

Lehrer Meyer einst erklärte,
was die Tiere wirklich nährte.
Doch was sehen hier die Kinder?
Nicht den Schnee vom letzten Winter!

Der Peter sammelt das Papier,
verknittert lag es Wochen hier,
und Liese räumt die Dose weg,
entfernt sie schnell vom grünen Fleck.

In dem Wald die Vögel wohnen,
Vögel essen, Vögel toben,
und zimmern eifrig ihren Bau,
wie hier am Baum der Buntspecht schla...

Der Buntspecht liebt die Sauberkeit.
„Das war nicht ich, es tut mir leid",
sagt hier der Strubbelpeter keck
und sammelt ein den vielen Dreck.

Und die Kinder sammeln, singen,
müssen dann zum Auto bringen,
das Gerümpel und Altpapier,
groß ist der Berg, man sieht es hier.

Nur Strubbelpeter schüttet aus,
und Lehrer Meyer fährt schnell hinaus
aus dem Wald, gefüllt mit Plunder,
Hasen sehen dieses Wunder.

Dann nimmt er mit, was Liese bringt,
und von dem Baum die Lerche singt:
„Umweltschutz ist ohne Frage,
mehr als wichtig heutzutage."

Die beiden Kinder stimmen zu,
und sie verstehen immerzu,
was richtig ist für die Natur,
doch manche Menschen handeln stur.

Im reinen Wald, auf der Wiese,
ruhen Peter, Schnatterliese.
Und Häslein danken zu der Zeit
für die geglückte Sauberkeit.

Sie schenken Eier bunt und rund,
die Tauben klingeln frohe Kund',
der Buntspecht, er dankt ebenso,
die Kinder jubeln und sind froh.

Strubbelpeter, Schnatterliese,
die Geschichte, die war diese.

Strubbelpeter, Schnatterliese, die Geschichte, die ist diese:

Strubbelpeter, Schnatterliese,
spielen heut nicht auf der Wiese.
Die Kinder arbeiten im Haus,
und ihre Eltern gehen aus.

„Zum Muttertag an Mutti denken
und ihr immer Freude schenken",
denkt leis' das kleine Schwesterlein,
wäscht alle Wäsche weiß und rein.

Und der Peter spült die Teller,
sieht den Hund von Hanna Keller
draußen sitzen in dem Garten,
schaut zum Käfer und muß warten.

Strubbelpeter mag Hundi sehr,
und unser Peter gibt gern her,
was dem Kleinen schmeckt vorzüglich,
dieser schaut und bellt vergnüglich.

Schnatterliese hängt Wäsche auf,
und Liese achtet nicht darauf,
was Hundis Herz so sehr begehrt,
und ob den Knochen er verzehrt.

Und während Lies' an Mutti denkt,
die Wäsche in der Sonne hängt,
sinnt Hundilein nach einem Platz
für seinen riesengroßen Schatz.

Und ein paar Minuten später,
spricht Schwesterlein zum Peter:
„Bruderherz, heute ist ein Tag,
wie Mutti ihn so gerne mag.

Unsere Mutti plagt sich täglich,
was wir heut' tun, das ist kläglich,
für ihre Mühe immerzu,
von früh bis spät, fast ohne Ruh."

Und sie denken ohne Frage:
„Es ist wichtig heutzutage
viele Arbeit zu verhindern
und so Muttis Müh' zu lindern."

„Und anderseits ist es schön,
mit Mutti in den Park zu gehn",
spricht Liese, schaut zum Fenster,
schreit, als sähe sie Gespenster.

Im Garten buddelt Hundilein,
die Wäsche strahlt jetzt nicht mehr rein,
und keiner konnte es verhindern,
doppelte Arbeit zu lindern.

Strubbelpeter, Schnatterliese,
die Geschichte, die war diese.

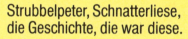

Strubbelpeter, Schnatterliese, die Geschichte, die ist diese:

Peter und Liese sind im Zoo
voller Erwartung, glücklich, froh.
Die Affen sitzen in dem Haus,
und Peter bläst die Blase raus.

Der Peter wirft zum Affen rein
den Kaugummi sehr süß und klein.
Der Affe aber mag das nicht
und wirft ihn Peter ins Gesicht.

Die Kaugummiblase dann zerknallt,
der Knall zu allen Tieren schallt.
Der Affe war ja richtig schlau,
was ihm bekommt, weiß er genau.

Und Liese zu dem Affen spricht:
„Bananen sind dein Leibgericht,
auch Äpfel, Nüsse und Salat
sind besser, als was Peter tat."

Und zu ihrem bösen Peter
sagt erregt die Liese später:
„Füttere die Tiere nicht,
ein jedes mag sein Leibgericht."

Der Peter nickt, und Schwesterherz
sieht seinen edlen Reueschmerz.
Tiere soll man niemals necken,
füttern, ärgern und erschrecken.

Neben dem Pinguinenland,
sitzen Seelöwen nicht am Strand.
Sie leben hier in ihrem Reich,
erwarten ihren Fisch jetzt gleich.

Der Junge lädt den Peter ein,
und Peter ruft: „Oh, das ist fein!
Ich mag schwarze Wasserlöwen
mehr als braune wilde Löwen!"

So schreiten beide in das Reich,
und Willibald begrüßt jetzt gleich
mit einem starken Flossenschlag
den Bub an diesem Sommertag.

Das Peterchen schaut sehr entsetzt
als würde er jetzt gar verhext.
Dann schnappt der Junge einen Fisch,
der stinkt, ist glitschig, aber frisch.

Der Willibald dankt seinem Koch.
„Auch diesen Fisch bekommst du noch",
sagt Peterlein und weiß genau,
der Willibald ist klein und schlau.

Strubbelpeter, Schnatterliese,
die Geschichte, die war diese.

Strubbelpeter, Schnatterliese, die Geschichte, die ist diese:

Die Ferien an dem blauen Meer
gefallen der Familie sehr.
Und die Liese greift zum Ruder,
in das Meer schiebt sie der Bruder.

„Peter, Liese, fahrt nicht zu weit,
zur Heimkehr seid ja stets bereit!
Wenn die hohen Wellen brausen,
solltet ihr am Strande schmausen."

Spricht der Vater, und der Peter
springt ins Meer ein wenig später,
und ohne einen Sonnenhut
liegt Liese in der Sonnenglut.

Die Liese träumt von Afrika,
das Mädchen war noch niemals da,
und Strubbelpeter taucht und schwimmt,
ein Fischlein aus dem Wasser springt.

Noch ein Fisch schaut sehr vergnüglich,
da sein Leben meist betrüblich.
Wenn Boote rattern und stinken,
kann er nicht den Freunden winken.

Plötzlich packen wilde Wogen
Peterlein im hohen Bogen,
brausen, sausen froh und munter,
ziehen, schieben, hoch und runter.

Peter denkt noch an die Worte.
Vielleicht steht am Strand die Torte,
die nun Vater, Mutter schmausen,
während hier die Wellen brausen?

Schnatterliese schaut vergeblich
nach dem Bruder, der schreit kläglich,
doch Strubbelpeters Hilfeschrei
ist wirklich heute einerlei.

Die Welle schiebt und packt das Boot,
die Liese ist in großer Not,
sie wird hin und her gerissen,
kämpft mit Wellen ganz verbissen.

Dann wie ein wilder Tiger faucht
der Strubbelpeter, und er taucht,
schwimmt etwas vor und sieht den Strand,
streckt seinem Schwesterlein die Hand.

Liese wurd' zum Strand getrieben,
alle Luft wurd' ausgetrieben.
Schlapp sind Boot und Strubbelpeter,
dieser kriecht noch ein paar Meter.

Strubbelpeter, Schnatterliese,
die Geschichte, die war diese.

Strubbelpeter, Schnatterliese, die Geschichte, die ist diese:

Die Ferienzeit am blauen Meer gefällt den beiden Kindern sehr. Vergnüglich schlecken sie viel Eis, denn heute ist es schrecklich heiß.

„Wir fahren mit dem Boot hinaus", verkündet Peter. „Ei, der Daus!" ruft jubelnd gleich das Schwesterlein, hüpft hurtig in das Boot hinein.

Das Segel hißt der Peter gleich und fühlt sich wohl in seinem Reich. Er macht die Leinen selber los und ruft: „Wo bleibt der Wind jetzt bloß?"

Als ob der Wind den Peter hört, bläst er, als sei er sehr empört mit aller Macht das Segel voll, und Peter findet's supertoll.

Der kleine Mann spielt Kapitän. „Gleich werden wir die Insel sehn!" Und Peter schwelgt die stolze Brust, zum Rudern hat die Liese Lust.

Es bläst der Wind, das Boot, es springt
über Wellen, schnell wieder sinkt.
Das Meer zeigt beiden seine Macht,
die Welle an das Boot laut kracht.

Der Kinder Freuden sind vorbei,
sehr laut ertönt ein Schreckensschrei.
Lieselein nun sehr laut bibbert
und am ganzen Körper zittert.

Strubbelpeter zieht die Leine,
und ihm schlottern beide Beine.
Die Knie werden immer weicher,
endlich wird das Wasser seichter.

Peter springt auf eine Insel,
hört der Liese Leidgewinsel.
Leider ist der Mast gebrochen,
Liese kommt jetzt angekrochen.

Der Peter brüllt, so laut er kann:
„Hilfe, Hilfe!" Der kleine Mann
zieht seine Liese auf den Sand
und hält sie fest in seiner Hand.

Dann warten sie, die Zeit vergeht,
der Wind noch immer kräftig weht.
Der Vater naht mit seinem Boot,
er rettet sie aus größter Not.

Strubbelpeter, Schnatterliese,
die Geschichte, die war diese.

Strubbelpeter, Schnatterliese, die Geschichte, die ist diese:

„Supertoll!" ruft Schnatterlies' entzückt,
und Strubbelpeter schreit verrückt:
„Wir campen in dem grünen Gras,
o Schwesterherz, das wird ein Spaß!"

Die Kinder spannen, und sie stecken,
die Liese mag den Peter necken,
doch Strubbelpeter hämmert prompt
'nen Hering in das Gras gekonnt.

Nun läßt das gelbe Zelt im Garten
zum Einzug nicht länger warten.
Ein Kussi hier, ein Kussi da,
und glücklich sind Mama, Papa.

„Die Nacht ist lau, es weht kein Wind,
nun schlafe wohl, mein liebes Kind!
Und Peterlein, schlaf ebenso
im Garten gut und glücklich froh!"

So spricht Papa, es spricht Mama:
„Am Morgen seid ihr wieder da
zum Frühstück um dreiviertel acht,
die Brötchen werden uns gebracht."

Dann gehen beide aus dem Haus
und breiten ihre Betten aus.
Gemütlich ist es in dem Reich,
und Strubbelpeter träumt sogleich.

Die Liese sagt noch ein Gedicht
und löscht in dieser Nacht das Licht.
Dann kuschelt sie in ihrem Bett
und findet das recht cool und nett.

Sehr gut verkrochen in dem Zelt
träumen zwei Kinder von der Welt.
In ihrer Stadt regiert die Nacht,
verzaubert ist die Sommerpracht.

Die Katzen brauchen nachts kein Licht,
sie jagen, spielen, schlafen nicht,
finden alles gut im Dunkeln,
ihre großen Augen funkeln.

Sie lieben diese Rutschpartie,
so ein Vergnügen gab es nie
im Garten von Schnatterliese
in der Nacht auf dieser Wiese.

Strubbelpeter, Schnatterliese,
die Geschichte, die war diese.

Strubbelpeter, Schnatterliese, die Geschichte, die ist diese:

Liese, Peter tragen fröhlich,
und der Vater räumt allmählich
die Sachen aus dem Auto aus
und schlendert dann vergnügt ins Haus.

Ja, so ist nun mal die Plage
an dem letzten Ferientage.
„Die Wäsche muß gewaschen sein",
spricht Mutter zu den Kinderlein.

Und die Kinder strahlen mächtig.
„Ja, die Ferien waren prächtig.
Im warmen Norden an dem Meer
gefiel uns unser Urlaub sehr.

Doch bald beginnt der Schulalltag,
wir lernen, was der Lehrer mag",
sagt Peter, schnallt die Tasche auf,
die Schwester naht in schnellem Lauf.

Sie trägt die Welt in ihrer Hand,
die Berge, Städte und den Sand,
das blaue Meer, den Ozean
mit Routen, die die Schiffe fahrn.

„Peter, schau, das ist ein Wunder,
diese Strecke fuhren runter
der Vater und wir, sahen viel
von dieser Stadt bis hoch nach Kiel.

Dann fuhren wir nach Dänemark,
vergnügten uns im Lego-Park",
sagt Schnatterliese. Peter schaut,
wann wurde dieser Park erbaut.

„Ja, Peter, das war wunderbar,
dort in der großen Kinderschar.
Wir spielten froh im Sonnenschein,
mal in die Autos, raus und rein."

Und als der Peter niederschreibt,
der Liese noch ein Weilchen bleibt,
Bücher, Hefte einzuräumen
und von Schule jetzt zu träumen.

Mutti sagt: „So ist es eben,
Ferien sind sehr schön im Leben,
doch für euch zwei ist es auch schön,
dürft ihr in eure Schule gehn."

Wer genügend vorbereitet,
freut sich, wenn der Wecker läutet,
und ein sanftes Ruhekissen
ist der Kinder Reingewissen.

Strubbelpeter, Schnatterliese,
die Geschichte, die war diese.

Strubbelpeter, Schnatterliese, die Geschichte, die ist diese:

Äpfel reifen in den Tagen,
Peter, Liese tun sich plagen,
auf die Leiter rauf und runter,
beide Kinder schaun recht munter.

Und Liese lädt die Freundin ein
zum Kuchenbacken. „Das ist fein!"
ruft Vicky, und der Peter denkt,
zwei Äpfel werden ihm geschenkt.

Äpfel bringt die Schnatterliese,
stellt den Tisch dann auf die Wiese,
und Peter rennt froh um das Haus,
gefolgt von seinem Vetter Klaus.

Der Peter macht sich wirklich rar,
das ist der Liese sonnenklar.
Zurück bleibt Lies' mit Vickylein,
sie schälen Äpfel ganz allein.

Als die Blüten üppig sprießen,
war reichlich Ernte angepriesen,
Bienen summten in dem Garten,
der Apfelwuchs konnte starten.

Und endlich war es ja kein Traum,
die Äpfel hingen an dem Baum.
Und was der Peter damit macht,
darüber auch die Schwester lacht.

Ein Apfellauf mit Vetter Klaus
auf grüner Wiese um das Haus,
das ist wirklich heutzutage
Fitneßsport, ganz ohne Frage.

Und alles hat wohl seinen Sinn,
kein Apfel fällt vor Peter hin,
dem Jungen fällt es gar nicht schwer,
und Klaus rennt freudig nebenher.

Als dann der Sieger triumphiert,
die Liese schnell die Lust verliert,
denn wenn der Regen niederfällt,
dann ist im Haus die trock'ne Welt.

Die Liese rollt, der Klausi rührt,
der Weg zum Apfelkuchen führt,
den ersten stellt dann ofenfrisch
froh Strubbelpeter auf dem Tisch.

Und die Mutti ist begeistert,
was die Kinder hier gemeistert,
und sie lobt die Kinder sehr,
mit Vickys Äpfeln gibt's noch mehr.

Strubbelpeter, Schnatterliese,
die Geschichte, die war diese.

Strubbelpeter, Schnatterliese, die Geschichte, die ist diese:

Ein Kinderflohmarkt vor dem Haus,
und fröhlich stellt die Liese aus,
was sie getöpfert, modelliert
und später sogar selbst lackiert.

Die Dame mag die Vase nicht,
kauft nur den Spiegel fürs Gesicht,
und Peter preist die Autos an:
„Die sind echt Spitze, Mann, o Mann!"

Was nun dem Jungen wohl gefällt,
bekommt er auch für wenig Geld.
Klaus naht schnuppernd wie ein Hase,
kauft von Liese dann die Vase.

Die Kinder teilen froh den Schatz,
und Peter spricht laut einen Satz:
„Ich geh' alleine in die Stadt
und esse mich recht tüchtig satt."

Und Liese schüttelt nur den Kopf,
sie mag, was kocht zu Haus' im Topf.
Und Peter rennt ins Pommesreich,
kauft, was er tragen kann jetzt gleich.

Der Doppelburger schmeckt sehr toll,
den Magen schlägt sich Peter voll.
Er ißt, er frißt, er rülpst sogar
wie eine kleine Ferkelschar.

Doch Schnatterliese kauft geschwind,
was sie gern mag, das kluge Kind,
und geht nach Haus', setzt sich recht stolz,
in Vaters Stuhl aus Kirschbaumholz.

Und plötzlich schrillt das Brüderlein,
rennt in das Zimmer dann hinein,
fällt torkelnd auf die weiche Couch,
brüllt immer wieder: „Autsch, autsch, autsch!"

Sein ganzes Geld hat er verfressen,
dabei die Moral vergessen,
der Hunger nur gestillt soll sein,
ganz ohne Schmerzen, ohne Pein.

Strubbelpeter, Schnatterliese,
die Geschichte, die war diese.

Strubbelpeter, Schnatterliese, die Geschichte, die ist diese:

In der späten Abendstunde
putzt in ihrem kleinen Munde
Schnatterlies' die Zähne kräftig,
und ihr Bruder kuschelt prächtig.

Während Mutter ihm Freude schenkt,
der Peter an das Fest nur denkt.
Dann ziehen sie Pyjamas aus
und kramen die Figuren raus.

Caspar, Melchior, Balthasar,
gefolgt von der Kamelenschar
sind leider nicht mehr alle da,
es fehlt der König Balthasar.

Natürlich weiß der Peter Rat.
In dunkler Nacht tappt er zur Tat
und sucht ein Stückchen Eichenholz
im Garten von Herrn Nachbar Volz.

Herr Volz den Peter nicht erspäht,
da dieser Mann jetzt Rätsel rät.
Er sitzt in seinem großen Haus,
füllt eifrig Rätselkästchen aus.

Dann pocht der Peter an die Tür,
es öffnet Lies', er dankt dafür,
und Strubbelpeter fröhlich schnitzt,
die Augen werden eingeritzt.

Die Liese kramt die Flicken raus,
und näht den Mantel schnell daraus.
Der Balthasar wird verkleidet,
damit er keine Kälte leidet.

Einst strahlte in der Heil'gen Nacht
ein Stern am Himmel, welche Pracht!
Es folgten Drei Könige dem Stern
und brachten die Geschenke gern.

Und endlich ist es dann soweit,
die Liese sorgt für Sauberkeit.
Die Weihnachtskrippe ist vollbracht,
und frohgelaunt der Peter lacht.

Dann schlummern beide schnell geschwind
und träumen von dem Jesuskind,
das in Bethlehem einst sah,
Könige, Maria und Papa.

Drei Könige brachten Gaben,
die die Kinder gerne haben.
Am Morgen werden sie beglückt,
und Schnatterliese schreit entzückt.

Strubbelpeter, Schnatterliese,
die Geschichte die war diese.

Strubbelpeter, Schnatterliese, die Geschichte, die ist diese:

Der Peter froh im Bette lacht,
und Schwester sieht die weiße Pracht
im Garten und vor Nachbars Haus,
der schon fährt sein Auto raus.

Plötzlich ist der Peter munter,
rennt blitzschnell die Treppe runter,
sucht im Keller eine Schippe,
schweigt mit zugepreßter Lippe.

Auch sein liebes Schwesterlein,
bleibt im Hause nicht allein,
zieht die warmen Sachen an,
rennt zu Peter geschwind sodann.

Die Kinder schippen Hand in Hand
den Schnee vor die Garagenwand,
in der sonst langsam schwingt ein Tor
fährt Nachbar mit dem Auto vor.

Und Peter freut sich, ruft: „Hurra!
Ja, Schwester, das war niemals da!"
Liese schippt, und beide lachen.
„Da wird Nachbar Augen machen."

Nach einer Stunde ist's geschafft,
der Berg ist hoch und schlapp die Kraft.
Die Kinder schleichen beide weg
und lauern leise im Versteck.

Die Zeit vergeht, Liese schnattert,
Strubbelpeter spricht verdattert:
„Wenn jetzt noch stark die Sonne scheint,
wird unser Freund, der Schnee, zum Feind."

Nachdem der Peter Stunden fror,
fährt Nachbar mit dem Auto vor.
Er sieht den weißen großen Berg
und denkt, ihn küßt ein böser Zwerg.

Sehr wütend schimpft er, und er spricht:
„Was hier geschah, gehört sich nicht."
Die Kinder schaufeln wie zuvor
viel Schnee weg vom Garagentor.

Diese Arbeit fordert Mühe,
Peter schnauft wie hundert Kühe
und riecht den heißen Kräutertee,
ein guter Drink im kalten Schnee.

Die Kinder danken für das Glück,
der heiße Tee kennt kein Zurück.
Zurück muß in nächster Stunde
der Schnee, lautet Nachbars Kunde.

Strubbelpeter, Schnatterliese,
die Geschichte, die war diese.

Strubbelpeter, Schnatterliese, die Geschichte, die ist diese:

Fasching ist in diesen Tagen,
und die Kinder heute tragen,
was einst gekleidet Robin Hood,
den Held von England in Sherwood.

Peter, Liese freudig gehen,
und von weitem sie dann sehen,
wie blöd der Klausi Ballermann
laut ballert wie ein Cowboymann.

Und die Vögel ängstlich zittern,
fliegen, fliehen und gar bibbern.
Bis Schnatterliese schreitet ein:
„Was du hier treibst, das ist nicht fein!"

Verkündet streng das kluge Kind:
„Die Vögel sind dir wohlgesinnt,
doch du schlaffer Revolverheld
ballerst, was denen nicht gefällt."

Und Klausimann, er schwelgt die Brust,
hat nun zum Ballern wieder Lust,
stemmt die Waffen in die Hüften,
Vögel zittern in den Lüften.

Dann schweigt sein lauter Waffenklang,
und Vetter Klaus, er schwingt zum Fang
das Lasso über seinem Kopf,
zum Glück fällt Hütchen nicht vom Schopf.

Peter, Liese kichern, lachen:
„Klausi, was machst du für Sachen?
Ein Cowboy fängt die Rinder ein
und wirft das Lasso nicht ums Bein."

Spricht der weise Strubbelpeter,
Klausi brüllt: „Ich will kein Leder,
auch Rinderburger mag ich nicht,
Spaghetti sind mein Leibgericht!"

Was unser Klaus heut' essen mag,
ein Armer aß an keinem Tag,
deshalb war Robin Hood sein Freund,
und gab, wovon ein Armer träumt.

Und die Reichen in dem Wald
spürten Robin Hoods Gewalt.
Ja, einst vor vielen, vielen Jahren,
lauerten im Wald Gefahren.

Doch Robin Hood, er war gerecht,
sein Pfeil und Bogen waren echt,
er zielte wie kein and'rer Mann,
was hier die Liese auch schon kann.

Strubbelpeter, Schnatterliese,
die Geschichte, die war diese.

Strubbelpeter, Schnatterliese, die Geschichte, die ist diese:

„Vielen Dank", spricht hier die Liese,
Hühnchen tippelt auf der Wiese,
die Kinder holen für das Fest
die Eier für das Osternest.

Auf dem Heimweg, im grünen Park,
sitzt ein Junge, winselt arg
mit einer Tulpe in der Hand,
und Liese kommt zu ihm gerannt.

Der Junge sagt, was ihn bedrückt,
er mag ein Körbchen, bunt bestückt
mit Ostereiern selbst bemalt,
für zehn Stück hat er auch bezahlt.

Ja, leider fielen sie dann hin,
das Jammern hat nun keinen Sinn.
Und Peter, Liese räumen weg
den weißen, gelben Eierdreck.

„Komm mit zu uns, wir malen bunt
gekochte Eier groß und rund",
verkündet Strubbelpeter,
„und ein paar bekommst du später."

Der Junge dankt, sie gehn nach Haus,
und Liese holt den Kochtopf raus,
und der Peter legt vergnüglich
die Eier in den Topf vorzüglich.

Nach einer Weile sprudelt, kocht
das Wasser, und der Peter pocht
die Liese fragend an den Arm:
„Wann endlich sind die Eier warm?"

Und während der Gast freudig trinkt,
kaltes Wasser in den Topf rein sinkt.
Die Eier kühlen, und sodann
fängt frohgelaunt der Malspaß an.

Was drei hier kreativ gestalten,
muß an weißer Schale halten.
Liese läßt die Farben strahlen
kräftiger als Sonnenstrahlen.

Der Peter malt wie's ihm gefällt
das schönste Ei der ganzen Welt.
Der Junge malt zum erstenmal,
doch seine Farben sind nicht schal.

So malt ein jeder sehr vergnügt,
letztendlich wird hinzugefügt,
ein großer bunter Tulpenstrauß,
und alles trägt der Gast nach Haus.

Strubbelpeter, Schnatterliese,
die Geschichte, die war diese.

Strubbelpeter, Schnatterliese, die Geschichte, die ist diese:

Aus der Stadt die Kinder kommen,
haben sich was vorgenommen.
Peter liest, das Schwesterlein spricht:
„Magst du heut Popcorn
schmausen oder nicht?"

Bruder nickt, nun Lies' im Banne,
schüttet Öl schnell in die Pfanne.
Peter sitzt allein, dreht sich nicht um,
er kümmert sich nicht mehr darum.

Während Liese von Popcorn schwärmt,
und in der Pfanne Öl erwärmt,
da klingelt schrill das Telefon,
verstummt dann wieder wie zum Hohn.

Die Liese muß nicht unterbrechen,
denkt, mich wollte jemand sprechen.
In die Pfanne schüttet sie den Mais,
das Telefon schrillt laut und leis.

Das ist sicherlich Luise,
denkt erfreut die Schnatterliese.
Luis' ist happy dann und wann,
wenn sie mit Liese plaudern kann.

„Hallo, hallo, hier spricht Liese!
Schönen guten Tag, Luise.
Wie es mir geht ? Na, so lala.
Sag mal, ist Vici wieder da?"

„Klar", ertönt es aus der Leitung,
„Liese, hast du keine Zeitung,
Vici, unsere Victoria,
ist leiblich seit zwei Wochen da."

„Doch", spricht jetzt die Schnatterliese,
„sah sie gestern auf der Wiese.
sie wollte auf dem Tennisplatz
schnell spielen ihren ersten Satz?"

Während Liese weiterschnattert,
Strubbelpeter hört was rattert,
höllisch pufft und runter springt,
nur „danke schön" ein Mäuschen singt.

Gern läßt sich die Liese trösten:
„Dein mißglücktes Maiskornrösten,
ohne Deckel auf der Pfanne
ist wie baden ohne Wanne."

Strubbelpeter, Schnatterliese,
die Geschichte, die war diese.

Strubbelpeter, Schnatterliese, die Geschichte, die ist diese:

Ja, heute ist ein schöner Tag,
wie Peter es so gerne mag,
und Schnatterliese, sie brüllt laut:
„Mein Bruderherz sucht eine Braut!"

Beide Kinder spielen munter.
Von dem Karussell herunter
fährt dieser Kahn ins fremde Land,
und Peter steuert sehr gewandt.

Im Freizeitpark herrscht eine Welt,
die allen Kindern wohl gefällt.
Auch Strubbelpeter und die Lies'
sind gern in diesem Paradies.

Die Kinder spielen, fahren froh,
und auch der Paps macht's ebenso.
Dann geht es in die Geisterbahn,
mit der mag auch die Mutti fahrn.

Raus aus der Bahn, schnell in das Zelt,
der Peter fast ins Wasser fällt,
denn ein Delphin zieht an der Hos',
und Peter schreit: „Oh, laß mich los!"

Dann schnappt geschickt das kluge Tier,
und denkt, der Peter spielt mit mir,
den Strubbelpeter mit dem Mund
und kugelt ihn erst hoch, dann rund.

Das Publikum, es applaudiert,
und Peter sich hier schrecklich ziert.
Was die Kinder sehn vergnüglich,
ist für Peter ungemütlich.

Er platscht auf seinen Riesenfisch,
das Wasser spritzt, ist kalt und frisch.
Dem Peter wird es angst und bange,
bis sein Blick erspäht die Stange.

Zum Trapez springt Strubbelpeter,
und Applaus erklingt noch später.
Die Kinder sehen einen Held,
der diesmal nicht ins Wasser fällt.

Dann naht die Liese in dem Boot,
und Peter hängt in großer Not,
und Liese ruft: „Mein Bruderherz,
was du hier tust, das ist kein Scherz!

Du bist in dieser Schau der Star,
was du hier zeigst, war niemals da!"
Nur Peterchen ist nicht beglückt,
für ihn ist dieser Spaß verrückt.

Strubbelpeter, Schnatterliese,
die Geschichte, die war diese.

Strubbelpeter, Schnatterliese, die Geschichte, die ist diese:

Peter, Liese und ihr Vetter
kraxeln hier bei schönstem Wetter
im Gebirg'. Das kostet Schweiß...
„Seht", ruft Klaus, „ein Edelweiß!"

Diese Blume will er haben.
Peter warnt den kecken Knaben,
aber der macht scheinbar schlapp,
greift ins Leere und rutscht ab!

Hilflos liegt er auf dem Rücken,
denkt nicht mehr ans Blumenpflücken.
Schauerlich ruft sein Geschrei
Peter und die Lies' herbei.

Schuld, daß es so kommen mußte,
ist Klaus selber, weil er wußte,
denn er hält es für gewitzt,
daß ein Edelweiß naturgeschützt.

Der Naturschutz, ohne Frage,
ist ganz wichtig heutzutage.
Und daß niemand ihn verletz',
gibt's natürlich ein Gesetz.

Klaus hat sich den Schienbeinknochen
und dazu den Fuß gebrochen.
Sicherlich ein hoher Preis
für ein schlichtes Edelweiß.

Liese spendet Trost dem Vetter,
Peter bringt inzwischen Bretter,
Latten und noch mancherlei
für den Abtransport herbei.

Praktisch ist in solcher Lage
eine so stabile Trage,
wie der Peter sie erstellt,
Liese fragt: „Ob die auch hält?"

„Aber klaro", schmunzelt Peter,
und ein kleines Weilchen später
liegt darauf der kranke Klaus
und ruht sich mal gründlich aus.

Zwar hat Klaus noch immer Schmerzen,
doch er kann schon wieder scherzen:
„Sehr gesund", grinst er verschmitzt,
„ist's wenn ihr beim Gehen schwitzt!

Mir hingegen macht's Vergnügen,
auf der faulen Haut zu liegen..."
Liese, Peter schrein empört:
„Das ist wirklich unerhört!"

Strubbelpeter, Schnatterliese,
die Geschichte, die war diese.

Strubbelpeter, Schnatterliese, die Geschichte, die ist diese:

Wasser, Sonnenschein und Sand,
viele Kinder spiel'n am Strand.
Vetter Klaus liegt voller Wonne,
aber schutzlos in der Sonne.

Lies' und Peter, diese zwei,
haben einen Schirm dabei.
Doch ein solcher, wie ihr seht,
wird von Vetter Klaus verschmäht.

Kläuschen trägt trotz Sonnenglut,
nicht mal einen Sonnenhut.
Liese mahnt: „Hier, schmier dich ein!"
Aber Klaus sagt trotzig: „Nein!"

Bei 'nem solchen Unverstand
kriegt man schnell 'nen Sonnenbrand!
„Ihr vielleicht", spricht Kläuschen stolz,
„doch ich bin aus härt'rem Holz!

Ihr mit eurer zarten Haut,
wenn man so wie ich gebaut,
braucht man Öl und Schmiere nicht,
leistet gern darauf Verzicht."

„Ich", höhnt Klaus, „hab' eben Mut,
brauche weder Schirm, noch Hut,
fürcht' mich nicht vor Sonnenbrand"
Lies' und Peter spiel'n im Sand.

Während heiß die Sonne brütet,
toben sie dann, „wohlbehütet",
unbesorgt im kühlen Naß,
haben einen Riesenspaß.

Vetter Klaus „grillt" jetzt den Rücken,
aber dann spürt er ein Zwicken,
und sein ganzer Körper brennt.
Klaus, das nimmt ein schlimmes End'!

Als er sich erhebt, sieht Klaus
wie'n gebrat'nes Hähnchen aus.
Läuft davon, sich abzukühl'n,
wer nicht hören will, muß fühl'n!

Strubbelpeter, Schnatterliese,
die Geschichte, die war diese.

Strubbelpeter, Schnatterliese, die Geschichte, die ist diese:

Liese radelt mit dem Peter,
da kommt Klaus mit seinem Köter;
„Asta" heißt der dicke Hund,
und er wiegt fast achtzig Pfund.

Um die Zwillinge zu schrecken,
hinterhältig sie zu necken,
flüstert Kläuschen listig: „Basta!",
Denn dann bellt der kluge Asta.

Lies' und Peter sind erschrocken,
Peters Rad fängt an zu bocken...
Bums – da liegt er auf dem Pflaster!
Klaus grinst: „Brav, mein lieber Asta!"

Etwa drei, vier Stunden später
schleichen Lies' und Bruder Peter
racheschnaubend hinters Haus;
Kläuschen schläft und ruht sich aus.

Er hat grad' den Zaun gepinselt;
neben ihm im Halbschlaf winselt
Asta ohne jeden Frust,
überhaupt nicht schuldbewußt.

„Sagt man zu mir einmal ‚Basta!'
muß ich bellen", murmelt Asta,
„zweimal: brav sein wie ‚Klein Hänschen',
dreimal: wedeln mit dem Schwänzchen."

Da sagt Liese zweimal: „Basta!"
Darum läßt der liebe Asta
alles brav mit sich gescheh'n,
wie wir's auf dem Bilde seh'n.

Peter mit dem hellen Köpfchen
tunkt den Schweif ins Farbentöpfchen…
Und nun, Kinder, paßt gut auf,
nimmt das Schicksal seinen Lauf.

„Klingling" tönt's und dreimal „Basta!"
Wie ein Wilder wedelt Asta,
und der Vetter wird so braun
wie sein frischgestrich'ner Zaun!

Strubbelpeter, Schnatterliese,
die Geschichte, die war diese.

In dem großen Stadttheater
sind die Mutter und der Vater.
Die Kinder sind allein zu Haus'
und springen aus den Betten raus.

**Strubbelpeter,
Schnatterliese,
die Geschichte,
die ist diese:**

Hoch auf dem Schrank steht eine Pracht.
„Die Torte ist von Mam gemacht!"
lacht Peter, es mahnt Schwesterlein:
„nur zwei Stück essen wir allein."

Der Peter findet Sahne frisch,
schnell folgt der Mixer auf den Tisch.
Nachts die Sahne wird geschlagen,
der Liese knurrt schon längst der Magen.

Der Schmaus beginnt zur späten Stund,
die Torte wandert in den Mund.
Plötzlich ist sie aufgegessen,
aller Anstand ist vergessen.

Der Peter spritzt die Liese voll,
was er da treibt, ist niemals toll.
Das Schnatterlieschen lacht dann laut,
weil Peter aus der Sahne schaut.

Dann dröhnen Schritte vor dem Haus,
die Sahneschlacht ist endlich aus.
Für Vater, Mutter ist's ein Schreck.
„Warum war möglich dieser Dreck!"

Gemeint sind Peter, Schwesterherz.
„Was ihr da treibt, das ist kein Scherz",
sagt Mutter, und Vater nun stimmt ein:
„Schlagsahne spritzen ist nicht fein."

Strubbelpeter, Schnatterliese,
die Geschichte, die war diese.

Strubbelpeter, Schnatterliese, die Geschichte, die ist diese:

„Jetzt sind es nur ein paar Meter",
sagt die Liese zu dem Peter,
„und dann sind wir an dem Fluß
und paddeln los mit Hochgenuß."

Voller Stolz sind beide Kinder,
keiner von den beiden minder,
das Kanu haben sie gebaut,
ein Frosch neugierig danach schaut.

In dem Wasser steht Herr Frische,
warnt die Kinder, angelt Fische,
weil ja der Fluß zu dieser Frist
sehr reißend und gefährlich ist.

Peter packt das Kanu fester,
und er spricht zu seiner Schwester
sehr froh beschwingt in kühnem Ton:
„Hab keine Angst, ich mach' das schon!"

Doch kaum sind sie aus dem Schilfe,
schreit der Peter laut um Hilfe.
Das Kanu schlingert schnell und wild,
und jeder sieht das Schreckensbild.

Die Liese wird vor Schrecken stumm,
schwapp, schwapp, da kippt das Kanu um.
Fortgeschwemmt sind beide Ruder,
Rettung sucht die Lies' beim Bruder.

Platsch, sie plumpsen in das Wasser,
werden naß und immer nasser,
und Strubbelpeter schaut und faßt
nach einem Ast und sehnt nach Rast.

Bei dem Unglück hat indessen,
er die Schwester nicht vergessen,
hält Liese fest mit starker Hand
und zieht sie auf das grüne Land.

Tropfnaß schnattern jetzt die Kinder,
spüren Kälte wie im Winter.
Doch Herr Frische kommt sodann
mit Peters schönem Kanu an.

Strubbelpeter, Schnatterliese,
die Geschichte, die war diese.

Strubbelpeter, Schnatterliese, die Geschichte, die ist diese:

Ein schöner Park, gepflegter Rasen.
„Ja, hier könnten Schafe grasen",
spricht Peter, lacht aus voller Brust,
zum Ballspiel hat er keine Lust.

Der Eismann naht. „Hurra, hurra!"
Bald sind bei ihm die Kinder da.
Der Peter schubst und drängelt vor.
„Kannst du nicht warten?" schallt's im Chor.

Doch Peter lacht und lauthals schreit:
„Sechs Becher Eis, sind Sie bereit?
Ich will Erdbeer und Banane,
für Liese drei Kiwisahne."

Schnatterliese ist erfreut,
denn Peter ist spendabel heut.
„Das Eis schmeckt gut, nun schlage zu,
denk immer an die Milch der Kuh."

Die Kinder lachen laut und dumm,
Sabine dreht sich gar nicht um,
was sie hier tut, das ist richtig,
für Peter, Lies' wohl nicht wichtig!

Das Eis geschleckt, sie gehen fort,
verschmutzt ist hier der grüne Ort.
Der Mann vom Park rennt zu den zwei,
erklärt dann laut so mancherlei.

„Hier steht ein Korb, das könnt ihr sehn,
die Schmutzerei soll euch vergehn!"
Das Murren hat jetzt keinen Zweck,
die Kinder sammeln auf den Dreck.

„Es ist die Pflicht von jedermann,
Ordnung zu halten, wo er kann!"
spricht der Mann mit strenger Miene
stechend wie Hummel und Biene.

Strubbelpeter, Schnatterliese,
die Geschichte, die war diese.

Strubbelpeter, Schnatterliese, die Geschichte, die ist diese:

Hoher Turm, du buntes Wunder,
roter Stein, fall bloß nicht runter!
denkt die Liese, lacht verstohlen,
Peter naht auf leisen Sohlen.

Die Liese zeigt der Puppe stolz
gebautes Bauwerk ganz aus Holz.
Doch Strubbelpeter, dieser Wicht,
er mag den Turm von Liese nicht.

Und es fliegen mit Krach und bumm,
die Steine in dem Zimmer rum.
Was jetzt da liegt, hier kreuz und quer,
war einst zu bauen doch sehr schwer.

„Mein Püppchen, das ist fürchterlich,
mein böser Bruder ärgert mich",
spricht Liese, und der Peter lacht
darüber, was ihm Spaß gemacht.

„Tschüs, tschau, mein liebes Schwesterherz,
bau neu, und dann vergeht der Schmerz!
Oder baut die Puppe allein?
Ist sie so klug und macht das fein?"

"Oh, Peter, was hast du gemacht?
Den Turm zerstört, dazu gelacht!"
so rügt die Mutti, die auch sah
wie Peters üble Tat geschah.

Auch die Liese ist ganz sauer,
denn sie baute mit Ausdauer
ihren hohen Turm aus Steinen,
über den sie jetzt muß weinen.

Dem Strubbelpeter tut es leid,
er geht zu ihr und hat jetzt Zeit,
und seine Mutter staunt und schaut,
was friedlich sich zusammenbraut.

Die Liese fängt von vorne an,
und Strubbelpeter hilft sodann.
"Die neue Lieferung ist da!
Wo soll sie hin? Hier oder da?"

"Einen Moment, ich muß sehen,
wo sie jetzt am besten stehen."
So geht es, Eintracht macht viel Spaß,
ein jeder weiß am besten das.

Strubbelpeter, Schnatterliese,
die Geschichte, die war diese.

Strubbelpeter, Schnatterliese, die Geschichte, die ist diese:

Mit dem Ball auf grüner Wiese
spielen Peter und die Liese.
Der Vetter Klaus hält sich zurück,
versucht mit seinem Fips sein Glück.

Recht stolz, so schreitet er vorbei
mit seinem bunten Papagei
und spricht zu diesem klugen Tier
immer die Zahlen von drei bis vier.

Klaus läuft zu dem Park da drüben,
will mit seinem Fipsi üben.
Klaus spricht zwei Zahlen und ruft laut:
„Das sind?" Der Papagei nur schaut...

...so recht gelangweilt auf den Klaus,
und krächzend tönt aus ihm heraus
das Wörtchen „drei", danach auch „vier".
Ja, Fips ist ein sehr kluges Tier.

Was macht der Klaus? Denn an dem Baum
hängt sein Plakat, man glaubt es kaum:
„Den Rechenkünstler seht ihr hier!"
So steht gedruckt auf dem Papier.

Das Mädchen kann noch nicht erraten,
was Klausi will mit seinen Taten.
Es krächzt der Fips mit viel Geschrei
immer die Zahlen „Vier" und „Drei".

Kinder hören Klausis Kunde:
„Nun beginnt die Rechenstunde!
Für meinen Fips, nun bitte sehr,
ist keine Rechnung allzu schwer.

Zehn minus sieben, was ist das?"
Die Kinder lachen, haben Spaß.
Da krächzt der Fipsi in der Tat
ganz richtig: „Drei!" das Resultat.

Fipsi rechnet eifrig weiter.
Klaus ist stolz, er jubelt heiter:
„Das habe ich ihm beigebracht!
Mein kluger Fipsi ist eine Pracht!"

Peter zweifelt: „Hört einmal ihr,
der Fipsi sagt nur drei und vier!"
Alle Kinder drehen sich um,
und Klausilein, er schaut recht dumm.

„Ein Rechenkünstler?" Liese lacht
und sagt, wie's Klausi hat gemacht:
„Mit seinem klugen Papagei
hat er geübt nur vier und drei!"

Die Kinder lachen Klausi aus,
und dieser schleicht betrübt nach Haus.
Klaus jetzt strafen seine Lügen,
nun muß Fipsi noch mehr üben.

Strubbelpeter, Schnatterliese,
die Geschichte, die war diese.

Statt sich in die Luft zu heben,
bleibt das Ding am Boden kleben,
unbeweglich wie ein Stein. –
Wie kann das nur möglich sein?

Vetter Klaus sucht zu ergründen,
wo der Fehler wohl zu finden,
dreht die Kiste hin und her,
spielt sich auf als „Ingenieur".

Technik kann zwar sehr beglücken,
doch sie hat auch ihre Tücken,
und wenn sie nicht funktioniert,
ist man ziemlich angeschmiert.

Hier sieht man zwei kleine Knaben
mit dem Ding von dannen traben,
von der „Funkfernsteu'rung" blieb
lediglich ein „Fußantrieb".

Kläuschen darf sich frei entfalten
und die Schnur für Liese halten.
die versteht des Vetters Schmerz,
denn sie hat ein weiches Herz.

Fröhlich spielt Klaus mit dem Drachen. –
Plötzlich muß der Peter lachen,
und er zeigt dem „Ingenieur",
daß das Batteriefach leer!

Strubbelpeter, Schnatterliese,
die Geschichte, die war diese.

Strubbelpeter, Schnatterliese, die Geschichte, die ist diese:

Dort, am Rand der grünen Wiese,
sehn der Peter und die Liese
hoch im Baum ein tolles Haus –
selbst erbaut von Vetter Klaus.

Peter schreit aus voller Lunge:
„Mann – ein Baumhaus – Junge, Junge!"
Und auch Lies staunt: „Sieh mal an,
was das Kläuschen alles kann!"

Gern läßt sich der Vetter loben.
Fühlt sich riesig stark dort oben;
voller Stolz herabzusehn
findet Kläuschen wunderschön.

Peter klettert froh und heiter
mit der Liese auf die Leiter;
schlecht gelaunt sagt Klaus: „Gebt acht,
daß ihr mir nichts schmutzig macht!

Dieses Haus ist meine Bleibe,
drum bleibt mir drei Schritt vom Leibe,
mir gehört dies schöne Haus,
mir allein, dem Vetter Klaus!

Bricht die Dunkelheit hernieder,
strecke ich die müden Glieder,
träume von der Märchenfee..." –
Da hat Liese 'ne Idee.

Sie schlägt vor, dem Klaus das Prahlen
und den Hochmut heimzuzahlen;
beide sagen ärgerlich:
„Klaus denkt immer nur an sich!"

Schnell sucht Peter einen Baum aus
gegenüber von dem Baumhaus,
und die Kinder, voller List,
warten, bis es dunkel ist.

Plötzlich donnert durch die Stille
ein gewaltiges Gebrülle,
furchtbar grell und schrecklich laut –
Klaus kriegt eine „Gänsehaut".

Ist ein Löwe ausgebrochen? –
Zitternd wie ein Zitterrochen,
alles and're als ein Held,
gibt der Vetter „Fersengeld".

Schreckensbleich und voll Entsetzen
sieht man ihn von dannen wetzen.
Sein Geschrei ist riesengroß:
„Helft, ihr Leut' – der Löw' ist los!"

Wie dem Klaus ergeht es vielen.
Statt den starken Mann zu spielen,
sollte man ganz allgemein
wesentlich bescheid'ner sein.

Strubbelpeter, Schnatterliese,
die Geschichte, die war diese.

Strubbelpeter, Schnatterliese, die Geschichte, die ist diese:

Während draußen Regen prasselt,
früh um sechs der Wecker rasselt,
was der Peter sonst nicht mag,
aber heut ist Muttertag!

Liese, die schon ziemlich munter,
zieht die Decke ihm herunter,
und der Strubbelpeter lacht,
ist jetzt wirklich aufgewacht.

Beide gehen in den Garten,
aber ach – die bunten, zarten
Blumen, die man dort erblickt,
hat des Nachts der Sturm geknickt.

Laut hört man die Kinder klagen.
Was wird nur die Mutti sagen,
die doch Blumen schrecklich mag,
heut an ihrem Ehrentag?

Das ist wirklich nicht zum Lachen.
Läßt sich denn da gar nichts machen?
Ist auch noch so groß der Schreck,
jammern hat doch keinen Zweck.

Schlimm ist oft des Schicksals Walten.
Peter legt die Stirn in Falten...
Da schickt ihm 'ne gute Fee
eine zündende Idee.

Liese ist total begeistert,
voller Freude wird gekleistert,
ausgeschnitten und genäht,
jeder sieht, was hier entsteht.

Längst vergessen ist der Schmerz,
fröhlich basteln sie ein Herz,
schön beklebt mit Glanzpapier,
wird es eine wahre Zier.

Und dann formen sie noch beide
aus Papier, so weich wie Seide,
bunt gemustert, voller Glanz,
einen tollen Blütenkranz.

Schließlich, als das Werk vollendet,
wird der Mutti es gespendet;
diese sieht, als sie erwacht,
was die Kinder ihr gebracht.

Das war eine Riesenfreude!
Auch die Kinder strahlen beide,
und sogar der Vati lacht,
weil sie alles selbst gemacht.

Ja, die frühe Morgenstunde
hatte wirklich „Gold im Munde".
Alle denken voller Glück
gern an diesen Tag zurück.

Strubbelpeter, Schnatterliese,
die Geschichte, die war diese.

Vielen Dank, liebe Mutti

Strubbelpeter, Schnatterliese, die Geschichte, die ist diese:

Ja, da steht ein feiner Schneemann,
Peter taufte ihn „Herr Lehmann".
Und plötzlich schreitet zu dem Haus
in Sommerkleidung Vetter Klaus.

Staunend fragen sich die Kinder,
ist nun Sommer oder Winter,
denn Klausi schützt vor Kälte bloß
ein Sommerhemd und kurze Hos'.

Klaus will nach dem „Lehmann" treten.
„Einen blöden Schneemann kneten",
tönt laut der Vetter mit Geschrei,
„das ist und bleibt nur Kinderei!

Laßt in Zukunft mich zufrieden!
Ich flieg' morgen in den Süden.
Ja, Klausi ist ein Mann von Welt,
er fliegt schnell hin, wo's ihm gefällt."

Als dann ein paar Tage später
Schnatterliese mit dem Peter
ziehn zur Rodelrutschpartie,
hören beide „Hatschi, Hatschi!"

Dieses „Hatschi", welch ein Jammer,
schrillt aus Vetter Kläuschens Kammer,
und Strubbelpeter spricht zur Lies':
„Du, hör, dem Klausi geht es mies."

Da tritt ernst, mit Hut und Brille
und mit sehr großer Leibesfülle,
hier aus dem Haus von Vetter Klaus
Herr Doktor Schmidt zur Tür heraus.

Kläuschen holte sich die Grippe,
seine sonst so kesse Lippe
ist heute stumm, welch ein Malheur.
Und Klausi niest und hustet sehr.

Statt ins Sonnenland zu fliegen,
muß er krank im Bette liegen,
schaut böse in die kalte Welt,
und jeder Spaß ist ihm vergällt.

Das ist wirklich nicht zum Lachen.
Trag' nie dünne Sommersachen
in dieser kalten Jahreszeit,
und lebe in Bescheidenheit.

Strubbelpeter, Schnatterliese,
die Geschichte, die war diese.

Strubbelpeter, Schnatterliese, die Geschichte, die ist diese:

Peter, Liese mit Vergnügen
sehen hier die Plätzchen liegen.
Sagt die Tochter von dem Bäcker:
„Frisch gebacken, schmecken lecker."

Und spricht Vater mit Belieben:
„Kommt zum Backen, ihr zwei Lieben,
am Samstag nachmittag um zwei,
im Backhaus seid dann nur ihr drei."

Am Samstag ist es dann soweit.
Der Peter, Liese sind bereit,
die Jacken aus, die Schürzen her:
„Das Backen, Peter, ist nicht schwer."

Und die Liese, sie rührt munter,
Ei um Ei im Teige unter.
Gemeinsam läuft es wie geschmiert,
das Eiweiß sich im Mehl verliert.

„Wenn Vati backt, dann schau ich zu,
stell viele Fragen, immerzu",
sagt Lisa, und nicht ohne Grund,
„backt zuckerfrei, das ist gesund."

Dann zieht der Teig eine Stunde,
es schrillt die Uhr, tönt die Kunde.
Der Tisch wird nun mit Mehl bestreut,
die Liese rollt, sich jeder freut.

Der Peter sticht die Plätzchen fein,
das erste Blech in' Ofen rein,
kurze Backzeit, zehn Minuten,
und Strubbelpeter muß sich sputen.

„Diese Plätzchen sind das Beste
für das große Weihnachtsfeste",
klingt der Kinder Bäckersfreude,
heut' sind groß die kleinen Leute.

Die Lisa dann mit Stolz verziert,
und Liese sich mit Teig beschmiert,
schleckt genüßlich ihre Hände,
denn das Backen ist zu Ende.

Was vorher war von großem Nutzen,
nun die Kinder sorgsam putzen.
Das Backhaus strahlt ja wirklich rein,
und Peters Plätzchen schmecken fein.

Strubbelpeter, Schnatterliese,
die Geschichte, die war diese.

Strubbelpeter, Schnatterliese, die Geschichte, die ist diese:

Am Morgen wacht der Peter auf,
und müd' beginnt sein Tageslauf.
Und Schnatterliese ist bereit
zu morgendlicher Backarbeit.

Dann wird Peter fröhlich munter,
rennt geschwind die Treppe runter,
Schnatterliese, sie mixt heiter,
Peter geht zum Garten weiter.

Die Liese backt ein Kuchenherz,
und das Geschenk, es ist kein Scherz,
denn heute ist ja Muttertag,
ein Tag, den Mutter gerne mag.

Schnell ist der Teig schön klebrig fein,
und Liese füllt ihn nun hinein
in ihre allerschönste Form,
ein großes Herz, das ist enorm.

Die Liese an die Mutti denkt,
die täglich ihr viel Freude schenkt,
hat sehr viel Zeit zu manchem Spiel,
und niemals ist ihr was zuviel.

Strubbelpeter schleckt im Garten
zwei Erdbeeren, mag nicht warten,
bis vollendet ist der Kuchen,
er will lieber jetzt versuchen.

Während der Peter eifrig pflückt,
mal aufrecht steht, sich wieder bückt,
sind seine Sinne bei Mama,
die immer ist für Peter da.

Morgens schon in aller Frühe,
hat sie täglich sehr viel Mühe.
Woher nimmt Mutti ihre Kraft?
Ist riesig, was sie alles schafft.

Dann dampft der Kuchen prächtig fein,
der Duft zieht in die Küche ein.
Die Liese strahlt, sie ruft Peter,
der erscheint ein Weilchen später.

Rasch wird nun das Herz vollendet,
Peters liebe Müh' verwendet
für seine sehr liebe Mama,
die plötzlich ist am Morgen da.

Strubbelpeter, Schnatterliese,
die Geschichte, die war diese.

Strubbelpeter, Schnatterliese, die Geschichte, die ist diese:

Ein Faschingsfest soll heute sein,
in der Schule, oh, wie fein!
Die Lies' und Peter jubeln sehr
und tanzen fröhlich hin und her.

Es macht Spaß in froher Runde,
dann tönt Klaus mit einer Kunde:
„Der Häuptling", ruft er, „der bin ich!"
Da ärgern Lies und Peter sich.

Weil ja der Klausi in der Tat,
die schönste Federkrone hat.
Prinzessin Gerdi schwärmt: „Oh, toll!
Klaus, dein Kostüm ist wundervoll!"

Der Klaus ruft: „Dann komm geschwind
zum Tanz mit mir, mein Königskind!"
„Los", sagt der Peter, „laß uns gehn,
ich kann den Angeber nicht sehn!"

Der Weg führt sie zu Nachbar Rau.
Dort, daß weiß Peter ganz genau,
ist heute jeder aus dem Haus,
und ganz allein sind Katz und Maus.

Schon kurz darauf sind sie am Ziel.
Zuerst mißtraut die Lies' dem Spiel.
Als Peter ihr die Hühner zeigt,
ist Liese auch schnell überzeugt.

„Buhuu, buh!" Sie stürzen eins, zwei, drei,
auf viele Hühner mit Geschrei.
Diese lassen sich nicht fangen,
zetern laut auf ihren Stangen.

Und dann, was niemand ahnen kann,
greifen die Hühner auch noch an.
Und so gibt es kräftig Hiebe
für die beiden Federdiebe.

Sie heulen, kreischen und sie schrein,
und möchten lieber draußen sein.
Doch im Käfig einmal drinnen
können die zwei schwer entrinnen.

So jagt zum Schluß das Federvieh
die zwei Indianer ohne Müh
mit zerzausten Kleidern aus
dem verflixten Hühnerhaus.

Und was den beiden noch geschah,
das siehst du auf den Bildern da.
Es kehrte sich ein böser Scherz
für die beiden um zum Schmerz.

Und ein paar Minuten später
schleichen beide Übeltäter
an ihrer Schule still vorbei,
und da ertönt ein Kinderschrei:

„Ihr beiden kommt zur rechten Zeit.
Wir sind zum Preisverleih bereit."
„Ach", denkt der Peter da mit Groll,
„Die finden doch den Klaus nur toll.'

Dann der Lehrer laut verkündet,
daß er am originellsten findet,
wenn einer sein Kostüm sich macht,
worüber jeder herzhaft lacht.

Drum merke dir für immer gut:
Nichts bringt der größte Federhut.
Strubbelpeter, Schnatterliese,
die Geschichte, die war diese.